ERDKUNDLICHES WISSEN

SCHRIFTENFOLGE FÜR FORSCHUNG UND PRAXIS
HERAUSGEGEBEN VON EMIL MEYNEN UND ERNST PLEWE

HEFT 46

GEOGRAPHISCHE ZEITSCHRIFT · BEIHEFTE

FRANZ STEINER VERLAG GMBH · WIESBADEN

1979

KAFFEE AUS ARABIEN

DER BEDEUTUNGSWANDEL EINES WELTWIRTSCHAFTSGUTES
UND SEINE SIEDLUNGSGEOGRAPHISCHE KONSEQUENZ
AN DER TROCKENGRENZE DER ÖKUMENE

VON

HANS BECKER
VOLKER HÖHFELD
HORST KOPP

MIT 8 ABBILDUNGEN UND 12 PHOTOS

FRANZ STEINER VERLAG GMBH · WIESBADEN
1979

Zuschriften, die die Schriftenreihe "Erdkundliches Wissen" betreffen, erbeten an:
Prof. Dr. E. Meynen, Langenbergweg 82, 5300 Bonn 2
oder
Prof. Dr. E. Plewe, Roonstraße 16, 6900 Heidelberg

CIP-Kurztitelaufnahme der Deutschen Bibliothek

Becker, Hans:
Kaffee aus Arabien : d. Bedeutungswandel e. Weltwirtschaftsgutes u. seine siedlungsgeograph. Konsequenz an d. Trockengrenze d. Ökumene / von Hans Becker; Volker Höhfeld; Horst Kopp. – Wiesbaden : Steiner, 1979.
   (Erdkundliches Wissen; H. 46) (Geographische Zeitschrift : Beih.)
   ISBN 3-515-02881-1
NE: Höhfeld, Volker; Kopp, Horst.

Alle Rechte vorbehalten
Ohne ausdrückliche Genehmigung des Verlages ist es auch nicht gestattet, einzelne Teile des Werkes auf photomechanischem Wege (Photokopie, Mikrokopie usw.) zu vervielfältigen. © 1979 by Franz Steiner Verlag GmbH, Wiesbaden. Gedruckt mit Unterstützung der Deutschen Forschungsgemeinschaft · Satz: Composersatz Steiner-Verlag. Druck: Proff u. Co., Bad Honnef
Printed in Germany

VORWORT

Vorliegende Veröffentlichung entstand als Ergebnis einer gemeinsamen Studienreise durch die Arabische Republik Jemen im Frühjahr 1976. Dabei ging jeder der Verfasser eigenen Forschungsansätzen nach. H. Becker befaßte sich mit kulturgeographischen Prozessen an der Trockengrenze der Ökumene, V. Höhfeld setzte frühere Untersuchungen über Kleinstadt-Entwicklungen im Orient fort, und H. Kopp führte seine agrargeographischen Arbeiten weiter. Es ergab sich die Möglichkeit, die unterschiedlichen Fragestellungen in einer gemeinsamen Studie zu verfolgen. Als Objekt bot sich der einst bedeutende Kaffeehafen Mocha und der damit verknüpfte Bedeutungswandel des jemenitischen Kaffees an.

Für freundliche finanzielle Unterstützung der Reise möchten wir der Stiftung Volkswagenwerk sowie der Frau Dorothea und Dr. Dr. Richard-Zantner-Busch-Stiftung sehr herzlich danken.

Die Beiträge der drei Autoren sind durch Zusatz des Namens im Inhaltsverzeichnis gekennzeichnet. Wir haben bewußt darauf verzichtet, sie in Stil und Diktion anzugleichen, um die Eigenständigkeit zu wahren.

Die Schreibweise arabischer Namen und Begriffe richtet sich nach den Transskriptionsregeln der DMG. Lediglich bei einigen bekannteren Ortsnamen und Begriffen wird die eingedeutschte Schreibweise verwendet (Bāb al-Mandab = Bab el-Mandeb, Ǧidda = Djidda, al-Ḥudaydah = Hodeida, al Muḫā' = Mocha, Sanʿā' = Sana'a, Šayḫ = Scheich, Taʿizz = Taiz).

Das Manuskript wurde abgeschlossen im Juli 1977.

ABBILDUNGSVERZEICHNIS

Abbildung 1: Die Welt-Kaffee-Erzeugung in der 1. Hälfte des 19. Jahrhunderts
Abbildung 2: Stadt und Wüstung Mocha (März 1976)
Abbildung 3: Das Zentrum von Mocha. Funktionale Gliederung
Abbildung 4: Exporte der Arabischen Republik Jemen 1964 – 1974
Abbildung 5: Kaffeeanbaugebiete in der Arabischen Republik Jemen
Abbildung 6: Kaffeeanbau bei ᶜUdayn. Typ Wādī-Bewässerung
Abbildung 7: Kaffeeanbau bei Ḥaǧǧah. Typ Hangbewässerung
Abbildung 8: Vermarktungswege für jemenitischen Kaffee

Photo 1: Ruinenfeld in Mocha (Höhfeld 4.4.1976)
Photo 2: Wüstung Mocha, grober Ruinenschutt (Becker 4.4.1976)
Photo 3: Relikte des Baubestandes in der Wüstung Mocha (Becker 4.4.1976)
Photo 4: Fassade eines verfallenden, vornehmen Stadthauses in Mocha; im Vordergrund Verkaufsbude (Becker 3.4.1976)
Photo 5: Fort der früheren Befestigungsanlagen von Mocha (Becker 3.4.1976)
Photo 6: "Shadeli"-Moschee in Mocha, im Vordergrund Ruinenspuren (Becker 4.4.1976)
Photo 7: Heutige Vorstadtsiedlung von Mocha (Blick zum Stadtzentrum) (Becker 4.4.1976)
Photo 8: Moderner Güterumschlag in Mocha (Becker 5.4.1976)
Photo 9: Kaffeekultur unter Schattenbäumen im Wādī Dūr bei ᶜUdayn (Kopp 19.6.1975)
Photo 10: Mischkultur mit Kaffee im Stockwerksbau (Wādī Barakānī südlich von Taiz) (Kopp 3.7.1975)
Photo 11: Kaffeegärten in Hangnischenlage bei Ḥaǧǧah (Kopp 28.9.1975)
Photo 12: Kaffee und Qišr; landesübliche Vermarktung auf dem Wochenmarkt von aḍ-Ḍalḫ bei Ṣaᶜdah (Kopp 27.3.1976)

INHALTSVERZEICHNIS

Vorwort V
Abbildungsverzeichnis VI
  I. Einleitung (H. Becker, H. Kopp) 1
 II. Der weltwirtschaftliche Bedeutungswandel Südwestarabiens
    (H. Becker) 4
    1. Vom Transitland zum Produktionsgebiet eines Weltwirtschaftsgutes . 4
    2. Die Innovation des Kaffee-Genusses 7
    3. Aufschwung und Niedergang des jemenitischen Kaffee-Exports 11
III. Siedlungsgeographische Instabilität als Folge der Umorientierung des
    Kaffee-Umschlags in Südwestarabien (H. Becker) 22
    1. Mocha im 17. und 18. Jahrhundert 24
    2. Aden und Mocha als konkurrierende Hafenstädte 30
    3. Der Bedeutungsschwund Mochas als Warenumschlagplatz und
       seine siedlungsgeographischen Folgen 35
 IV. Die gegenwärtige Situation Mochas als Kleinstadt (V. Höhfeld) 39
    1. Die Wüstung Mocha und ihr Verhältnis zur heutigen Stadt 39
    2. Mochas Bedeutung als regionales Kleinzentrum 45
    3. Mocha als Hafenstadt 47
    4. Jüngere Entwicklungen in Mocha 49
  V. Die heutige Rolle des jemenitischen Kaffees in der Volkswirtschaft
    des Jemen und im Weltkaffeehandel (H. Kopp) 52
    1. Produktionsbedingungen 52
       a. Anbaugebiete 54
       b. Besitz- und Betriebsformen 55
       c. Anbaumethoden und erste Verarbeitungsstufen 56
       d. Kaffee und Qišr 60
       e. Produktionshöhe und Anbaufläche 60
    2. Vermarktung 61
       a. Wege des Kaffees vom Produzenten zur Exportfirma 61
       b. Richtungen der Ausfuhr 64
       c. Der jemenitische Kaffee im Weltkaffeehandel 65
    3. Aktuelle Entwicklungsprozesse 66
       a. Die Konkurrenz des Qāt 66
       b. Perspektiven des Kaffee-Anbaus im Rahmen der jemenitischen
          Volkswirtschaft 67

VI. Schlußbetrachtung und Ausblick (H. Becker, H. Kopp) 69
English Summary 72
Literaturverzeichnis 76
Photos im Anhang

I. EINLEITUNG

Eine Publikation über Kaffee entbehrt heute nicht der Aktualität. Seit Monaten beobachten wir am Weltmarkt ständig steigende Kaffeepreise[1], die unter anderem auch den Charakter des Kaffees als preiswertes Volksgetränk in Frage gestellt haben. Die Ursachen der Entwicklung sind allgemein bekannt: Fröste haben im Jahre 1975 nicht nur einen Teil der Ernte, sondern auch der Pflanzungen in Brasilien, dem bedeutendsten Weltkaffee-Produzenten, vernichtet. Hinzu kam das Bemühen der Erzeugerländer um höhere Rohstoffpreise, und schließlich trugen auch spekulative Einflüsse an den internationalen Warenterminbörsen zum hohen Preisniveau bei.

Unter dem Eindruck der gegenwärtigen Entwicklung mag — ohne daß dies das eigentliche Thema der vorliegenden Arbeit ist — ein Rückblick auf die Verhältnisse jener Zeit interessant sein, als die heute wichtigen Kaffee-Produktionsländer noch keine Rolle spielten und Südwestarabien das einzige bedeutsame Erzeugungsgebiet für Rohkaffee war. Dabei drängen sich Parallelen zu aktuellen Nachrichten auf, wenn wir aus zeitgenössischen Quellen erfahren, daß es auch im 17. und 18. Jahrhundert zu erheblichen Preisausschlägen kam. Wie heute können Mißernten, die Erhöhung von Exportzöllen oder andere administrative Maßnahmen als Ursachen dafür erkannt werden. Die Auswirkungen solcher Ereignisse und Einflüsse gingen allerdings — nicht zuletzt wegen des gegebenen Produktionsmonopols eines einzigen Landes — oft noch erheblich weiter.

Verbunden ist jene frühe Phase der Entwicklung des Kaffeeanbaus, seiner Vermarktung und der allmählich aufkommenden verstärkten Nachfrage in den Verbraucherländern mit dem Namen Mocha oder Mokka. Heute ist der Begriff nur ungenau definiert. Unter Mokka wird in der Umgangssprache sowohl ein besonders guter, stark aufgebrühter Kaffee als auch eine spezielle Sortierung nach Form und Größe der Kaffeebohnen, gleichgültig welcher Provenienz, verstanden. In seiner ursprünglichen Bedeutung ist das Wort jedoch eine Herkunftsbezeichnung. Die kleinen Bohnen, aus denen das anfangs geheimnisumwitterte und später noch lange Zeit umstrittene Getränk gebraut wurde, kamen vor allem unter dem Namen "Mokka" auf den europäischen Markt. Damit gab jener Hafen, über den ein erheblicher Teil der Kaffee-Ausfuhr erfolgte, einem Weltwirtschaftsgut seinen Namen mit auf die Reise: ein in der Geschichte der Kulturpflanzen seltener, vielleicht einmaliger Vorgang.

---

1 An der New Yorker Rohstoffbörse wurden Mitte Juli 1977 für Juli-Kontrakte mehr als 280 cts/lb notiert, während 1951 die Jahresdurchschnittsnotiz für Kaffee noch 55,5 cts/lb betrug. Das entspricht einer Preiserhöhung von über 400%. Allein von März 1976 bis März 1977 wurde Rohkaffee um 215% teurer (Handelsblatt, Süddeutsche Zeitung).

Nach übereinstimmenden zeitgenössischen Berichten war Mocha im 17. und 18. Jahrhundert eine wirtschaftlich blühende, volkreiche Hafenstadt mit einem ihrer überregionalen Bedeutung entsprechenden Baubestand. Kommt man hingegen heute nach Mocha, so bietet sich das Bild weitflächiger Ruinenfelder, in denen nur noch gelegentlich der Stumpf eines Minaretts oder die verfallene, einst reich verzierte Fassade eines ehemaligen Kaufmannshauses von der vergangenen Blüte künden. Lediglich im hafennahen Teil — aber ebenfalls mit Ruinen durchsetzt — findet sich ein relativ bescheidener, intakter Siedlungsteil. Mocha ist heute eine Kleinstadt von nur lokaler Bedeutung. Dabei spiegelt das gegenwärtige Bild sogar bereits einen gewissen jungen Aufschwung wider. Nach vorliegenden Berichten war die Stadt zwischenzeitlich noch bedeutungsloser; die Bevölkerungszahl von nur etwa 400 Einwohnern zu Beginn unseres Jahrhunderts läßt auf eine Siedlung von lediglich dörflicher Größe schließen.

Die Ursachen für das weitgehende Wüstfallen Mochas sind in der Literatur häufig mit einem Versanden des Hafens (z.B. *Heiderich, Leiter* und *Sieger* 1927, S. 72) oder mit politischen Wirren im Lande erklärt worden. Eine kritische Durchsicht der Quellen zeigt jedoch, daß die bisher bestehenden Thesen über den Niedergang der Stadt zu modifizieren sind. Vor allem manifestiert sich hier die seit rund 150 Jahren andauernde Verlagerung der Kaffee-Produktionszentren in die Neue Welt, nach Afrika und Südostasien. Daneben spielte auch eine Umorientierung des Kaffee-Umschlags auf andere konkurrierende Hafenstädte Südwestarabiens eine für Mocha entscheidende Rolle.

Anknüpfend an das Beispiel von Mocha soll deshalb der Bedeutungswandel des Weltwirtschaftsgutes Kaffee für den südwestarabischen Raum analysiert werden. Obwohl eine solche Fragestellung sehr eng mit den allgemeinen Problemen der Ausweitung des Kaffeanbaus in den Tropen verknüpft ist, wird eine derartig umfassende Behandlung des Themas nicht angestrebt. Es ist vielmehr beabsichtigt, die Quellen über die Entwicklung von Kaffeanbau und -vermarktung in Südwestarabien aus moderner geographischer Sicht zu werten und die gegenwärtige Bedeutung Mochas sowie die heutige Rolle des arabischen Kaffees für den Jemen und die Weltwirtschaft aufzuzeigen. Die topographische Lage Mochas an der Trockengrenze der Ökumene, die allgemeine Verlagerung der Welthandelsströme im Laufe der vergangenen Jahrhunderte und die seit langer Zeit nahezu unveränderte Struktur des jemenitischen Kaffeanbaus können dabei als wirkende Kräfte eines raumrelevanten Prozesses aufgefaßt werden.

Im Jemen stehen — wie in den meisten Ländern des Orients — gesicherte statistische Angaben nicht zur Verfügung. Das gilt insbesondere für die Behandlung wirtschaftsgeographischer Verhältnisse in historischen Situationen. Möglicherweise hätte zwar die Durchsicht unveröffentlichter Archivalien noch zusätzliches Datenmaterial geliefert, doch wären solche Informationen aus den im Text näher erläuterten Gründen zwangsläufig mit erheblichen Unsicherheitsfaktoren belastet gewesen. Die Darstellung stützt sich daher im wesentlichen auf die Auswertung gedruckter Quellen, die in beachtlicher Zahl zugänglich waren. Wo dennoch unmittelbare Belege zu einem Sachverhalt nicht zur Verfügung standen, wurde der methodische Weg des Arbeitens mit Analogieschlüssen beschritten, der zumindest die Formulierung begründeter Thesen erlaubte.

II. DER WELTWIRTSCHAFTLICHE BEDEUTUNGSWANDEL SÜDWESTARABIENS

1. VOM TRANSITLAND ZUM PRODUKTIONSGEBIET EINES WELTWIRTSCHAFTSGUTES

Als Teil der Landverbindung zwischen dem Mittelmeer und den nordwestlichen Randmeeren des Indischen Ozeans nahm die Arabische Halbinsel stets eine Mittlerstellung zwischen beiden ein. *H. von Wissmann* (1941) hat eindrucksvoll dargestellt, wie Arabien als Transitraum seit vorchristlicher Zeit Handel und Warenverkehr zwischen den Wirtschaftszentren an den Gestaden des Mittelmeeres einerseits und Südasiens andererseits vermittelte. Sein trotz aller politischen Veränderungen im Laufe der Geschichte nie völlig unterbrochener Zwischenhandel ließ immer wieder einzelne Regionen und Städte des Durchgangslandes zu hoher wirtschaftlicher und kultureller Blüte aufsteigen.

An dem Transithandel hatte auch der Südwesten der Arabischen Halbinsel seinen Anteil. Die Weihrauchstraße, eine der ältesten Welthandelsstraßen, nahm ihren Ausgang von den Häfen der arabischen Südküste, führte am östlichen Fuß des jemenitischen Hochlandes entlang und erreichte über das spätere Mekka und den Vorläufer Medinas schließlich beim heutigen Gaza das Mittelmeer (*Rathjens* 1952/ 53; *von Wissmann* 1941, S. 392 f.). Ihren Namen verdankt sie dem einzigen überregional bedeutenden Wirtschaftsgut, das Südarabien während des Altertums aus eigener Produktion zu liefern vermochte. Weihrauch war allerdings nicht das einzige Produkt, das auf der Karawanenstraße zum Mittelmeer befördert wurde. Gewürze aus Indien, Gold und Edelsteine werden für den nordwärts gerichteten Handelsstrom belegt[2]; als Gegenlieferungen sind u.a. Sklaven anzunehmen[3]. Die Handelsroute führte am Übergangssaum zwischen Hochland und östlich anschließender Wüste entlang, was *von Wissmann* (a.a.O., S. 392) sinnvoll mit der Verwendung des Kamels als Lasttier erklärt. Hier fixierte eine Kette von Gebirgsfußoasen als unumgängliche Etappenstationen den Verlauf. Die wichtigsten unter ihnen, z.B. das legendäre Saba (heute Marib) oder Ma'in, wurden zu Zentren hochentwickelter Kulturen und politischer Herrschaftsbereiche, denen in der damaligen Welt der Ruf größten Reichtums anhaftete. So schrieb der im 2. Jahrhundert v. Chr. in Alexandria lebende griechische Geograph und Historiker *Agatharchides* über den Handel

---

2 *Von Wissmann* (1941, S. 425) zitiert *Ezechiel* 27, 22 f.: "Die Kaufleute aus Schebā (Saba') und Ra'mā (Ragma) haben mit dir (Tyrus) gehandelt und allerlei köstliche Spezereien, Edelsteine und Gold auf deine Märkte gebracht. Hārān, Kanneh (Hafen Qanā) und 'Eden ('Aden), die Kaufleute von Schebā ... sind deine (Tyrus) Kaufleute."

3 Als Herkunftsorte von Tempelsklavinnen werden in Texten südarabischer Tempel u.a. Gaza, Amman, Sidon und Ionien genannt (*von Wissmann* 1941, S. 392, Fußn. 42).

auf der Weihrauchstraße: "Kein Volk scheint wohlhabender zu sein als die Sabäer ..., die alle wertvollen Waren aus Asien und Europa durch ihre Hände gehen lassen ... Beim Tausch und Verkauf erzielen sie für äußerst geringes Gewicht ihrer Waren vor allen mit Silber Handel treibenden Menschen die höchsten Preise"[4].

Im ersten Jahrhundert v. Chr. begann der Niedergang des Handels auf der Weihrauchstraße. Neben anderen Ursachen dürfte eine mittlerweile verbesserte Schiffahrtstechnik ein wesentlicher Grund gewesen sein. Sie erlaubte es, auch das Rote Meer weiträumig bis zum Golf von Suez und zum Golf von Aqaba zu besegeln (*Rathjens* 1962, S. 115; *von Wissmann* 1941, S. 375, 392). Zunächst profitierten die süd- und südwestarabischen Hafenstädte noch von der neuen Route des Handelsstroms, doch als später Ägypter und Griechen den Seehandel mit eigenen Schiffen im Roten Meer betrieben, schieden die Araber zunehmend aus dem Transithandel aus. Hinzu kam zur Zeit Kaiser Justinians eine Umlenkung des für Ostrom bestimmten Teils des Warenstroms über den Persischen Golf und Mesopotamien. Schließlich brachte dann das 7. nachchristliche Jahrhundert mit der Gründung des Kalifenreichs einen allgemeinen Niedergang des europäischen Orienthandels. Eine völlige Unterbrechung – wie gelegentlich behauptet wird – scheint es jedoch nicht gewesen zu sein. *Von Wissmann* (a.a.O., S. 456 f.) weist darauf hin, daß dies nur wegen des Fehlens entsprechender Nachrichten angenommen wird. Er vermutet ein Fortleben des Handels durch die im Orient verstreut lebenden, an kriegerischen Wirren nicht aktiv beteiligten Juden (ähnlich auch *Heyd* 1879 I, S. 138 ff.) und verweist auf ein Abgabenverzeichnis des Klosters Corbie aus dem Jahre 716, wonach das Kloster u.a. Pfeffer, Gewürznelken, Zimt und Datteln von der Zollstätte Fos im Mündungsgebiet der Rhône bezog.

Ob auch Südwestarabien an der Vermittlung des offensichtlich weiterlaufenden großräumigen Warenverkehrs durch den Orient beteiligt war, muß offen bleiben. Ein Fortbestehen des Handels im Roten Meer mit den entsprechenden Vorteilen für die Bewohner des angrenzenden Landes ist jedoch auf jeden Fall anzunehmen. Dafür spricht die Lage der heiligen Städte des Islams mit ihren Häfen am Roten Meer. Außerdem ist die schon bald erfolgte Schwerpunktverlagerung des Kalifenreichs nach Norden mit seiner wieder aufkommenden Stadtkultur und der damit wachsenden Nachfrage nach den Produkten Indiens und Chinas zu bedenken. Neben dem Persischen Golf war das Rote Meer zweifellos eine der entsprechenden Versorgungslinien (*Heyd* 1879 I, S. 31 ff.; *von Wissmann* a.a.O., S. 442 f., 449).

Nach bereits vorangegangener Belebung kam es im Gefolge der Kreuzzüge zu einer neuen Blüte des europäischen Orienthandels. Der Weg indischer Waren zum europäischen Markt führte durch das Rote Meer und von dort nach Alexandria. Erster Umschlagplatz auf diesem Weg waren die südwestarabischen Häfen, da die indischen Schiffe nicht über Aden hinausfuhren (*Heyd* a.a.O., S. 419). Ein zweites Umschlagen der Waren erfolgte dann in ägyptischen Hafenstädten am Roten Meer, von wo sie – teilweise auf dem Nil – nach Kairo und Alexandria gebracht

---

[4] Zitat nach *Müller* (1969, S. 364).

wurden. Um den lukrativen Zwischenhandel zwischen Südasien und Europa nicht zu gefährden, war es den europäischen Handelspartnern, die in Alexandria Niederlassungen unterhielten[5], bezeichnenderweise verwehrt, ins Innere Ägyptens zu reisen. So weit wie möglich ließ man sie sogar über die Herkunft der Ware im unklaren (*von Wissmann* a.a.O., S. 460 f.).

Wie einträglich der Transithandel zwischen Südasien und dem Mittelmeer für die südwestarabischen Anrainer des Roten Meeres gewesen sein muß, belegen eindrucksvoll die seit dem 15. Jahrhundert immer wieder aufkommenden Auseinandersetzungen um Aden, den bedeutendsten Hafen am Seeweg ins Rote Meer. Osmanen, ägyptische Mamluken, die Herrscher des Jemen und lokale Herrscher beteiligten sich mit wechselndem Erfolg daran. Als schließlich im 16. Jahrhundert die Portugiesen im Indischen Ozean erschienen, nahmen auch sie sehr bald am Ringen um die Stadt teil. Das Ziel war stets der Besitz des als Warenumschlagplatz bevorzugten Hafens − und damit die Verfügung über die entsprechenden Einkünfte − oder aber seine Ausschaltung zugunsten anderer Häfen[6].

Die wechselseitige Konkurrenz der verschiedenen Hafenstädte Südwestarabiens brachte zwar jeder von ihnen gelegentliche Phasen eines Bedeutungsrückgangs, die mit solchen einer kräftigen Belebung wechselten, doch für den Gesamtbereich war es nach aller Kenntnis eine Zeit wirtschaftlicher Blüte. Grundlage dafür war die spezifische Lage des Raumes, die ihm eine einträgliche Vermittlerfunktion für einen großräumigen Handelsverkehr bescherte; aus eigener Produktion steuerte Südwestarabien dem Warenstrom kaum etwas bei. Das änderte sich grundlegend, als an der Wende vom 15. zum 16. Jahrhundert portugiesische Schiffe im nordwestlichen Indischen Ozean erschienen.

Im Bemühen, den orientalischen Zwischenhandel auszuschalten und den lukrativen Handel mit Indien − insbesondere den Gewürzhandel − in eigene Regie zu übernehmen, hatten sowohl Spanien als auch Portugal mehrfach versucht, auf verschiedenen Routen den Seeweg nach Indien zu finden[7]. Wie allgemein bekannt ist, war Portugal dabei erfolgreich. Vasco da Gama umsegelte im Jahre 1498 das

---

5   Nach *von Wissmann* (1941, S. 460) lebten im Jahre 1215/16 ca. 3000 europäische Kaufleute in Alexandria. Zu europäischen Handelsniederlassungen in Alexandria vergl. auch *Heyd* (1879 I, S. 452 ff.).

6   Ein Beispiel solcher Auseinandersetzungen beschreibt *Heyd* (1879 II, S. 444 f.): Danach erreichte der mamlukische Herrscher Ägyptens im ersten Drittel des 15. Jahrhunderts durch militärischen Druck und durch eine Verdoppelung des Zolls für Waren, die mit Schiffen aus Aden kamen, daß indische Schiffe den traditionellen Umschlagplatz mieden und ihre Waren in Djidda anlandeten. Versuche des jemenitischen Herrschers, den ägyptischen zu Gunsten eines eigenen Zwischenhandels zu schwächen und indische Waren in Aden in eigene Regie zu übernehmen, scheinen dabei eine wesentliche Rolle gespielt zu haben. − Vergl. zu den Auseinandersetzungen um Aden auch *Gavin* (1975) und *von Wissmann* (1941).

7   Damit sollte zugleich die Rolle Venedigs als bedeutendster Vermittler des Warenverkehrs im Mittelmeer geschwächt werden.

schon durch Diaz zuvor erkundete Kap der Guten Hoffnung und erreichte die Malabarküste. Die weiteren Aktionen der Portugiesen waren konsequent: Sie legten befestigte Stützpunkte an, bekämpften die arabische Handelsschiffahrt bis ins Rote Meer hinein und entsandten eigene Handelsflotten zu Indiens Küsten. Als dann zu Beginn des 16. Jahrhunderts erneute Handelshemmnisse im Osmanischen Reich hinzukamen (*Wirth* 1961, S. 341), konnten die Folgen nicht ausbleiben. Der Handel zwischen Indien und Europa verlagerte sich nach und nach fast völlig auf den neu gefundenen Seeweg um Afrika. Der Orient – und damit auch Südwestarabien – verlor seine konkurrenzlose Bedeutung als Vermittler zwischen den Handelszentren Südasiens und Europas. "Die Karawanenstraßen und Handelsstädte im Orient, die bisher den Verkehr zwischen Europa und Indien getragen hatten, sanken zur Bedeutungslosigkeit herab" (*Wirth* 1961, S. 341).

In dieser Situation muß es – rückwirkend betrachtet – als besonderer Glücksfall erscheinen, daß sich etwa gleichzeitig mit dem Niedergang des südwestarabischen Transithandels der Verbrauch eines neuen Genußmittels – des Kaffees – auszubreiten begann. Einziges Produktionsgebiet für Kaffee war nach unserer Kenntnis der südwestarabische Jemen. Damit wurde erstmalig ein Teil jenes Raumes, dessen Funktion bisher stets in der Warenvermittlung bestanden hatte, zum weltwirtschaftlich bedeutsamen Produktionsgebiet[8]. Der Bedeutungswandel wird durch die Entwicklung des ägyptischen Suez-Zolls, den sowohl ursprünglich die Gewürze als auch später der Kaffee auf dem Weg zu ihren Märkten passieren mußten, anschaulich illustriert: Bis zum Jahre 1573/74 wurden dort nur Abgaben auf Gewürze erhoben. Die Einkünfte waren offenbar recht bedeutungslos geworden. Dann aber wurde Kaffee zu einer zollpflichtigen Ware, und schlagartig avancierte der Suez-Zoll zum lukrativsten Ägyptens (*Shaw* 1962, S. 104). Bevor es dazu kommen konnte, mußte jedoch zunächst einmal ein Markt mit entsprechender Nachfrage für das neue Produkt entstehen.

2. DIE INNOVATION DES KAFFEE-GENUSSES

Es ist eine seit langem vertretene und auch heute noch unbestrittene Ansicht, daß die Heimat des Kaffeestrauches im Hochland von Äthiopien zu suchen ist. Das Produkt seiner Kulturform jedoch, die Kaffeebohne, fand als Genußmittel offenbar von Südwestarabien aus Eingang in die Weltwirtschaft[9]. Wann die Pflanze aus Äthiopien nach Südwestarabien gelangte, um in den mittleren Höhenlagen des jemenitischen Hochlandes mit Hilfe der hier fast stets notwendigen künstlichen Bewäs-

---

8 Selbst der aus Arabien stammende Weihrauch war von Südwestarabien nur im Transithandel vermittelt worden. Sein Produktionsgebiet lag im südostarabischen Ḍufār.

9 Vergl. dazu auch *Ritter* (1847). – Für den freundlichen Hinweis auf die Arbeit *Ritters*, die als erste große geographische Monographie über den Kaffee betrachtet werden darf, bin ich Herrn *Prof. Dr. E. Plewe* zu Dank verpflichtet.

serung kultiviert zu werden[10], liegt ebenso im Dunkeln wie der vorangehende Entwicklungsschritt des Züchtens der Kulturpflanze.

Im Raum beiderseits des Roten Meeres sind die Ereignisse von einem reichen Legendenschatz umwoben. So sollen beispielsweise Ziegenhirten als erste die anregende Wirkung der Früchte des Kaffeestrauches entdeckt haben, als deren Tiere nach dem Fressen an den Sträuchern auch nachts lebhaft und unruhig waren. Den ersten Anstoß zur Verbreitung des Genußmittels Kaffee schreiben die örtlichen Legenden meist frommen Einsiedlern zu, die zufällig vorbeikommende Kaufleute mit dem Getränk bewirteten. Irgendwelche Hinweise auf das Alter des Kaffeeanbaus im Jemen lassen sich aus solchen unbestimmten und zweifelhaften Überlieferungen aber nicht ableiten. Daher bieten Nachrichten über die vermutlich im 15. Jahrhundert aufkommende und sich im 16. Jahrhundert ausbreitende Sitte des Kaffeetrinkens die ersten mittelbaren Belege für die Kultur des Kaffees in Südwestarabien. Sie belegen allerdings nicht den Beginn eines systematischen Anbaus der Kulturpflanze, sondern bereits eine erste frühe Ausweitung der Kulturen, da ein steigender Verbrauch eine zunehmende Produktion voraussetzte.

Die Ausbreitung des Kaffee-Genusses — zunächst im orientalischen Kulturraum, später auch in Westeuropa — erfolgte nach den typischen Regeln einer Innovation. Die vorliegenden Informationen (*Gavin* 1975, S. 15 ff.; *Hartwich* 1911, S. 307 ff.; *Ritter* 1887; *Schweiger-Lerchenfeld* 1881 usw.) zeigen, daß relativ kleine Kreise der gehobenen städtischen Bevölkerung, geistliche Würdenträger und Angehörige des Derwisch-Ordens jene Innovatoren waren, die die Sitte des Kaffeetrinkens in den Städten des osmanischen Reiches verbreiteten. Andere Bevölkerungskreise übernahmen die Neuerung jeweils mit deutlicher zeitlicher Verzögerung[11]. Die territorialen Eroberungen der Osmanen (1516 Ägypten, 1536 jemenitische Tihāmah), die Pilgerfahrten nach Mekka und der im erweiterten osmanischen Reiche großräumige Karawanenhandel begünstigten die Ausbreitung. Nach den oben genannten Quellen läßt sie sich in ihren wichtigsten Phasen wie folgt wiedergeben: Um die Mitte des 15. Jahrhunderts soll die Verwendung des Kaffees in Aden üblich geworden sein, rund sechzig Jahre später war sie in Mekka bekannt, etwa gleichzeitig (1511) ist der Kaffee-Genuß in Kairo erstmals belegt. Von dort breitete sich die neue Sitte schnell weiter aus. Um 1537 wird sie in Aleppo und Damaskus üblich, und Einwohner beider Städte eröffneten schließlich im Jahre 1554 die ersten Kaffeehäuser in Istanbul[12].

---

10 *Von Wissmann* (1941, S. 473) hält es für möglich, daß sich Kaffee als Getränk um die Wende vom 14. zum 15. Jahrhundert bei jemenitischen Sūfi (islamischen Mystikern) einbürgerte, der Anbau des Kaffeestrauchs im Jemen aber vielleicht erst im 16. Jahrhundert begann.

11 So wurden die ersten Kaffeehäuser in Istanbul 1554 eröffnet, während sich der allgemeine Gebrauch des Kaffees in der Türkei erst um die Mitte des 17. Jahrhunderts endgültig durchgesetzt hatte (*Gavin* 1975, S. 15 f.). Für Aden berichtet *Hartwich* (1911, S. 308): "Der Gebrauch soll sich zunächst auf die Geistlichen beschränkt haben, aber bald auch von anderen Bevölkerungsklassen aufgenommen (worden) sein" (vergl. auch *Ritter* 1847, S. 573 f.).

12 Nach anderer Version sollen die ersten öffentlichen Kaffeehäuser in Istanbul bereits 1534 eröffnet worden sein (*Ratzka-Ernst* 1912, S. 63).

Als in der zweiten Hälfte des 16. Jahrhunderts die ersten Nachrichten über das neue Getränk, das "gar nahe wie Dinten so schwarz und in gebresten, sonderlich des Magens, gar dienstlich" (*Rauwolf* 1583)[13] sein sollte, nach Europa drangen, war der Kaffee-Genuß in orientalischen Städten bereits eine weit verbreitete und allgemein übliche Sitte. "Dieser tranck ist bei ihnen sehr gemain, darumb denn deren, so da solches außschenken, wie auch der Krämer, so die Frücht verkauffen, im Batzar hin und wider nit wenig zu finden" sind, berichtete *Rauwolf* 1583 aus Aleppo[13]. In ähnlicher Weise schrieb *P. Alpino* (nach anderer Schreibweise *P. Albanus*) um 1592 aus Ägypten: "Alle Araber und Ägypter stellen daraus einen schwarzen Trank her, den sie an Stelle des Weines trinken und den sie auch, wie wir den Wein, in öffentlichen Schenken verkaufen. . . . Man bringt diese Körner des Baumes aus dem Glücklichen Arabien"[14]. Die Zahl der öffentlichen Kaffeehäuser in Kairo schätzte *J. Veseing* um 1630 auf 2000 bis 3000[15], und *P. Della Valle* teilte im Jahre 1615 aus Istanbul mit, daß das schwarze Getränk der Gesellschaft und der Unterhaltung diente: "Man sieht wenig Zusammenkünfte von Freunden, wo man es nicht trinkt; . . . es ist das Erzeugnis eines Baumes, der in Arabien bei Mekka wächst"[16]. Einen weiteren Beleg für den allgemeinen Gebrauch des Kaffees im Orient enthält schließlich noch der Bericht, den *William Burt*, Agent der Ostindischen Kompanie in Isfahan, 1627 an seine Direktion in England sandte. Darin heißt es, daß "the seedes and the huske, both of which are useful in making the drinke, were found only at Moka, although the beverage is used in Turkey and in other parts of Arabia, Persia and India"[17].

Zum Überspringen der Innovation des Kaffeekonsums nach Westeuropa kam es um die Mitte des 17. Jahrhunderts. Einer häufig vertretenen Ansicht nach soll das über Wien erfolgt sein, wo die 1683 geschlagenen Türken bei ihrer Flucht reichliche Kaffeevorräte zurückließen, die dann einem orienterfahrenen Wiener Neubürger zur Eröffnung des ersten Kaffeehauses gedient hätten. Doch dem widersprechen die Fakten. Ziehen wir als Indiz die Eröffnung der ersten Kaffeehäuser heran — was zwar nicht in jedem Fall die früheste Verwendung des Produkts am Ort belegt, aber doch ein recht frühes Stadium des Gebrauchs dokumentiert —, so scheint London die erste Stadt außerhalb des orientalischen Kulturkreises gewesen zu sein, in der 1652 ein Kaffeehaus eröffnet wurde[18]. Der Verbrauch war offenbar schon bald sehr erheblich, denn bereits im Jahre 1660 wurde in London eine öffentliche Abgabe von 4 Pence je Gallone des Getränks erhoben (*Hartwich* 1911, S. 314). Auf dem Kontinent entstanden die jeweils ersten Kaffeehäuser in Amsterdam 1666, in Paris 1671, in Wien 1683, in Nürnberg, Regensburg und Prag 1686, in Hamburg 1687 und in Leipzig 1694; schließlich erhielt im Jahre 1760 sogar eine Stadt wie Reutlingen ihren ersten Kaffeeausschank (*Gavin* 1975, S. 16; *Hartwich* 1911, S. 314).

Der skizzierten Ausweitung der Sitte des Kaffee-Genusses in Westeuropa, die zudem seit der Mitte des 17. Jahrhunderts von niederländischen Kaufleuten durch

---

13 Zitiert nach *Hartwich* (1911, S. 309); vergl. dazu auch *Jacob* (1952, S. 52).
14 Nach *Jacob* (a.a.O., S. 53).
15 *Hartwich* (1911, S. 311).
16 Zitiert nach *Jacob* (1952, S. 54).
17 Zitat nach *Macro* (1968, S. 6).
18 Nach anderer Version (*Hartwich* a.a.O., S. 311) soll das Kaffeetrinken bereits in der ersten Hälfte des 17. Jahrhunderts in Italien Eingang gefunden haben.

gezielte Werbung systematisch gefördert wurde[19], entsprach naturgemäß eine erhebliche Steigerung des Verbrauchs[20]. Exakte Zahlenangaben im Sinne unserer Statistik sind aus jener Zeit nicht vorhanden, doch vermitteln vereinzelte, mehr zufällig überlieferte Einzelbelege und Hinweise zumindest einen Eindruck vom beginnenden Bedeutungszuwachs des Kaffees in Europa. In Paris, wo das erste Kaffeehaus 1671 eröffnet worden war, gab es rd. zwanzig Jahre später bereits 250 Kaffeehäuser; nach nochmals 25 Jahren (1715) belief sich deren Zahl auf etwa 600, und bis zum Jahre 1782 hatte sie sich auf fast 1.800 erhöht (*Hartwich* 1911, S. 312). Rückschlüsse auf den Umfang des privaten Kaffeeverbrauchs in Deutschland lassen Hinweise zu, wonach beispielsweise für die rd. 40.000 Kaffeekonsumenten des Jahres 1778 im Fürstentum Lüneburg Kaffee im Wert von ca. 240.000 Talern importiert werden mußte oder die Brauereiwirtschaft Brandenburgs im gleichen Jahr infolge des gesteigerten Kaffeekonsums eine Ertragseinbuße von etwa 60% zu verzeichnen hatte. Die aus der gleichen Zeit stammende Mitteilung, daß ein Krämer in einem kleinen, etwa 100 Haushalte (Feuerstellen) umfassenden Dorfe des Herzogtums Calenberg in nur drei Monaten 300 Pfund Kaffee verkaufte – wobei der Umsatz von acht weiteren Händlern ohne eine entsprechende Lizenz noch zusätzlich in Rechnung zu stellen ist –, spricht für sich selbst (*Hartwich* a.a.O., S. 315 f.). Schließlich sei noch an die bekannten, auf volkswirtschaftliche Überlegungen zurückgehenden Versuche zahlreicher deutscher Territorialherren erinnert, durch entsprechende Dekrete den zunehmenden Kaffeeverbrauch ihrer Untertanen einzuschränken; auch sie belegen die damals immer weiter um sich greifende Sitte des Kaffeetrinkens.

Der Versuch, die Innovation des Kaffee-Genusses in groben Zügen zu skizzieren, wäre unvollständig ohne den Hinweis, daß sich die Neuerung nicht nur im Orient und in Europa (sowie in Nordamerika; *Jacob* 1952) ausbreitete, sondern bereits sehr früh auch nach Süd- und Südostasien vordrang. Begünstigt durch die Pilgerfahrt nach Mekka war der Kaffee in den islamischen Gebieten Indiens und Indonesiens offenbar schon früher als in Europa bekannt geworden. An der Belieferung des dort entstehenden Marktes beteiligten sich auch die Niederländer. So kaufte die 1602 gegründete Niederländisch-Ostindische Kompanie bereits 1628 die ersten 40 Ballen Kaffee im Jemen, obwohl die erste Kaffeelieferung in Amsterdam erst 1661 angelandet wurde. 1642 brachte ein Segler der Holländer 320 Doppelzentner Kaffee aus Arabien nach Calikut (Koschikode, Südwestindien) und "between 1648 and 1652 the Dutch brought coffee from Mocha for their establishments in North-west India and Persia . . ." (*Macro* 1968, S. 8). Im Jahre 1645 berichtete der in niederländisch-ostindischen Diensten stehende Nürnberger *Wurfbain*, daß sich der Verbrauch von Kaffee in Batavia immer mehr vergrößere; das war sechs Jahre (nach anderen Autoren 26 Jahre), bevor die erste Kaffeepflanze nach Java gelangte (*Macro* 1968, S. 5, 8 f.; *Spriestersbach* 1962, S. 7; *von Wissmann* 1941, S. 473).

19 Vergl. dazu *Hartwich* (1911, S. 314 f.) und *Spriestersbach* (1962, S. 9 f.).
20 Nach *Gavin* (1975, S. 16) blieb der Verbrauch des europäischen Marktes allerdings noch bis zur Mitte des 18. Jahrhunderts hinter dem des orientalischen Marktes zurück.

3. AUFSCHWUNG UND NIEDERGANG DES JEMENITISCHEN KAFFEE-EXPORTS

Die Ausbreitung des Kaffee-Genusses im Orient, in Europa und Nordamerika sowie in Süd- und Südostasien hatte eine stetig zunehmende Nachfrage nach Kaffee hervorgerufen. Einziges Produktionsgebiet für den wachsenden Bedarf war bis zum Beginn des 18. Jahrhunderts der südwestarabische Jemen, der damit das Kaffee-Monopol für den damaligen Weltmarkt besaß. Nach den allgemeinen Regeln von Angebot und Nachfrage waren erhebliche Preissteigerungen und — soweit es die Möglichkeiten eines begrenzten, durch ökologische Faktoren eingeengten Kaffeeanbaugebietes zuließen — stetig zunehmende Ausfuhren die Folge. Kaffeeanbau und Kaffeevermarktung bescherten dem Lande nach allem, was wir darüber wissen, eine große wirtschaftliche Blüte. Die Monopolstellung des Jemen fand zwar ihr formales Ende, als die europäischen Kolonien in Südostasien und bald darauf auch jene in Mittelamerika begannen, ihre ersten Ernten von Plantagenkaffee auf den europäischen Markt zu liefern[21], doch eine ungebrochene, nach wie vor stark zunehmende Nachfrage am Markt kompensierte zunächst noch das relativ bescheidene zusätzliche Angebot. So blieben die Konjunktur der jemenitischen Kaffeeproduktion und die damit verbundene wirtschaftliche Blüte des Landes vorläufig ungebrochen. Der europäische Handel mit dem arabischen Kaffee erreichte sein größtes Ausmaß zwischen 1720 und 1740 (*Boxhall* 1974, S. 103); auf den orientalischen Märkten setzte sich die Konkurrenz der europäischen Kolonien noch später durch.

Über das Volumen des jemenitischen Kaffee-Exports während der vergangenen Jahrhunderte sind keine unmittelbaren, absoluten Aussagen möglich. Zwar wurden für die Zeit seit dem 17. Jahrhundert gelegentlich Zahlen genannt[22], doch ein Realitätsgehalt dürfte ihnen kaum zuzumessen sein. Dafür war die Einblicksmöglichkeit der zeitgenössischen Reisenden und ihrer örtlichen Informanten in das komplizierte und vielfältige Exportsystem zwangsläufig viel zu lückenhaft. Der gleiche Vorbehalt gilt auch gegenüber den englischen "reports on coffee trade" des 18. Jahrhunderts oder den vergleichbaren niederländischen Quellen, die *Glamann* (1958) ausgewertet hat[22a]; sie konnten ebenfalls nur einen Teil der Exportwege — und damit nur einen Teil des jemenitischen Exportvolumens — erfassen. Bereits die aus

---

21 Der erste "Kolonialkaffee" gelangte 1712 aus Java auf den niederländischen Markt; die Ernte des Jahres 1711 (894 Pfund) wurde 1712 in Amsterdam und Middelburg versteigert (*Glamann* 1958, S. 207).

22 Z.B.: Erste Hälfte des 17. Jahrhunderts 5,25 – 6 Mill. kg (nach *Hartwich* 1911, S. 311). – Mitte des 17. Jahrhunderts ca. 4,72 Mill. kg (nach *Jardin* 1895, S. 67). *Jardin* nennt 80.000 Ballen; beim Sackgewicht von 59 kg (*Spriestersbach* 1962, S. 150) errechnet sich die genannte Zahl, beim Sackgewicht von 150 kg (*Hartwich* a.a.O.) wären es 12 Mill. kg. – Ende des 17. Jahrhunderts ca. 9,072 Mill. kg (nach *Gavin* 1975, S. 18; dort genannt ca. 20 Mill. lb).

22a Für den freundlichen Hinweis auf die Arbeit von *Glamann* bin ich Herrn Kollegen *C. G. Brouwer* (Amsterdam) zu Dank verpflichtet.

dem 17. Jahrhundert vorliegenden spärlichen Mitteilungen zeigen, daß die Ausfuhren — mit wechselnden Anteilen — sowohl über die verschiedenen Häfen am Roten Meer als auch im Karawanenverkehr über Land erfolgten. An diesem System mehrerer, nebeneinander bestehender Exportwege änderte sich auch im folgenden Jahrhundert nichts.

Einen recht guten Einblick in das Vermarktungssystem der damaligen Zeit vermittelt der Reisebericht *Niebuhrs* aus den Jahren 1761 — 1763[23]. Der Anbau erfolgte danach auf terrassierten, teilweise bewässerten Parzellen (*Niebuhr* 1968, S. 335). Die Produzenten verkauften ihre Ernte auf kleinen, lokalen Märkten, von denen *Niebuhr* den Ort Hadie erwähnt. "Es werden hier an gewissen Tagen in der Woche viel Caffebohnen von den benachbarten steilen Bergen zu Markte gebracht, und nachdem ein gewisser Theil davon an den Dola[24] zu Kusma bezahlt worden, eingepackt, und auf Kameelen nach Beit el fakih, oder gerade nach Hodeida gebracht" (*Niebuhr* a.a.O., S. 336). In Bayt al-Faqīh, einem Marktort in der Tihāmah, erfolgte die Übernahme des Kaffees durch Exporteure. "Hier ist . . . der größte Caffehandel in ganz Jemen, ja vielleicht in der ganzen Welt. Um dieser Waare willen kommen nach dieser Stadt Kaufleute aus Hedsjas, Egypten, Syrien, Constantinopel und aus der Barbarey von Fez und Marokko her, aus Habbesch, von der östlichen Küste Arabiens, aus Persien, Indien und bisweilen auch aus Europa" (*Niebuhr* a.a.O., S. 318 f.). Verschifft wurde der zu exportierende Kaffee schließlich vor allem in den Häfen Mocha, Hodeida und al-Luḥayyah[25]. Sein weiterer Weg zu den Verbrauchszentren in Europa und im Orient war verschieden. Die europäischen Handelsgesellschaften wählten — sofern sie nicht süd- und südostasiatische Märkte belieferten — den Weg um das Kap der Guten Hoffnung, wobei in der frühesten Phase zuweilen noch ein vorheriger Warenumschlag in südasiatischen Niederlassungen erfolgte. Orientalische Zwischenhändler benutzten dagegen den älteren, traditionellen Weg über das Rote Meer nach Norden. Dabei gelangte der Kaffee üblicherweise zunächst mit primitiven Küstenseglern nach Djidda. Konkrete Einzel-

---

23 Erste Ausgabe Kopenhagen 1774–78, danach nochmals Hamburg 1837; zur Auswertung stand der in Graz erschienene photomechanische Nachdruck beider Ausgaben von 1968 zur Verfügung (Zitat: *Niebuhr* 1968).
24 Gouverneur des Imām.
25 Al-Luḥayyah scheint eine gewisse Sonderstellung im Vergleich mit Mocha und Hodeida eingenommen zu haben. Es ist zu vermuten, daß es für sein Hinterland nicht nur Exporthafen, sondern auch Handelsplatz war. "Der vornemste Handel dieser Stadt ist mit Caffe, welcher aus den benachbarten bergigten Gegenden hierher gebracht, in einem Gebäude aufgeschüttet, von der Hülse gereinigt und verkauft wird. Diese Bohnen werden zwar nicht für so gut gehalten wie die, welche nach Beit el fakih gebracht, und zu Mochha oder Hodeida eingeschifft werden; sie sind aber etwas wohlfeiler, und der Transport nach Dsjidda kostet nicht so viel, da der Weg nicht so weit ist. Man findet deswegen auch zu Loheia, nicht nur wohnhafte Kaufleute aus Káhira (Kairo), die für ihre Herren oder Freunde zu Dsjidda, in Egypten und der Türkey, Caffe kaufen, sondern es kommen jährlich auch viele Káhiriner hierher um selbst Caffe zu holen" (*Niebuhr* 1968, S. 305 f.).

belege dafür sind in *Niebuhrs* Beschreibung an verschiedenen Stellen eingestreut[26]; desgleichen schildert er eindrucksvoll Djiddas Funktion als bedeutender Handels- und Umschlagplatz am Roten Meer (a.a.O., S. 280), von wo der Kaffee mit ägyptischen Schiffen weiter bis Suez befördert wurde, aber wohl auch zum Teil mit Karawanen über Mekka sein Ziel erreichte. Hinweise darauf, daß die Kaffeeausfuhr bereits vor *Niebuhrs* Zeit mit Schiffen via Djidda und Suez über das Rote Meer erfolgte, geben u.a. *Daniel* (1702; in *Forster* 1967, S. 73), *Hartwich* (1911, S. 311), *Jardin* (1895, S. 67), *Galant* (1696; nach *Jacob* 1952, S. 141), *Gavin* (1975, S. 355 f., Anmerkung 49) sowie *Ovington* (1696; in *Forster* 1967, S. 179). Der bereits in anderem Zusammenhang erwähnte Bedeutungswandel des Suez-Zolls in der zweiten Hälfte des 16. Jahrhunderts wäre hier ebenfalls anzuführen.

Neben der nach Norden gerichteten Ausfuhr — sei es auf dem Seeweg um das Kap, sei es über das Rote Meer und Ägypten in den nördlichen Orient — gab es einen nach Südosten fließenden Exportstrom. Die entsprechenden Hinweise der Quellen sind zwar spärlicher, doch ebenfalls eindeutig. So berichtet *Ovington*, von 1690 bis 1693 Geistlicher in der Faktorei Surat der Ostindischen Kompanie, daß Schiffe aus Süd- und Südostarabien sowie vom Persischen Golf Waren nach Mocha lieferten und auf dem Rückweg u.a. Kaffee mitnahmen (*Forster* 1967, S. 173). Für die ersten Jahrzehnte des 18. Jahrhunderts werden Kaffee-Schiffe aus Südasien durch die Vertreter der niederländischen Handelskompanie in Mocha belegt (*Glamann* 1958), und das aus Oman stammende Schiff, mit dem *Niebuhr* 1762 von Djidda nach al-Luḥayyah reiste, sollte ebenfalls "zu Hodeida eine Ladung Caffe für Maskat einnehmen" (*Niebuhr* a.a.O., S. 286). In seiner oben bereits zitierten Schilderung des Kaffee-Handelsplatzes Bayt al-Faqīh nannte *Niebuhr* Kaufleute aus Indien und von der Ostküste Arabiens. Die im Zuge der weltweiten Innovation des Kaffee-Genusses schon früh einsetzenden Kaffeelieferungen nach Süd- und Südostasien wurden bereits in anderem Zusammenhang erwähnt.

Nur schemenhaft erkennbar ist demgegenüber ein anderer Teilstrom der damaligen Kaffeeausfuhr, der nicht über die Häfen am Roten Meer, sondern im Karawanenverkehr über Land seinen Weg aus dem Jemen zu den Verbrauchermärkten fand. Jener Teil des Exports, der im 17. Jahrhundert für Persien und Gujarat bestimmt war, "rather followed the old caravan routes than the sea routes" (*Glamann* 1958, S. 184). *Niebuhr* hat den entsprechenden Karawanenhandel aus eigener Anschauung nicht kennengelernt[27]. Durch *Cruttenden,* der 1836 im Jemen reiste, wissen wir

---

26 Z.B.: "Wir sahen auf dieser Reise auch viele kleine Schiffe die mit Caffe beladen von Jemen kamen, und nach Dsjidda gehen wollten." — "Alle Schiffe, die mit Caffe beladen von Jemen nach Dsjidda gehen wollen, müssen hier (Ankerplatz am Roten Meer) einen Zoll ... bezahlen ..." (*Niebuhr* a.a.O., S. 290). — Über den Sohn eines arabischen Kaufmanns in Mocha: "Der Vater hatte ihn mit Caffe nach Dsjidda gesandt" (*Niebuhr* a.a.O., S. 360).

27 Ihm wurde lediglich von wenig bedeutenden Kaffeetransporten nach Aden berichtet (*Niebuhr* 1968, S. 254 f.).

jedoch, daß neben Bayt al-Faqīh auch das im inneren Hochland gelegene Sana'a Stapel- und Handelsplatz für Kaffee war (*Ritter* 1846, S. 882)[28]. Ein solcher Handelsplatz im Binnenland, fern aller Häfen, erscheint nur für den Binnenhandel oder für eine Ausfuhr über Landwege sinnvoll. Es ist zu vermuten, daß beide Ursachen gegeben waren; für den hier interessierenden Export sind Kaffee-Karawanen von Sana'a zum überregional bedeutsamen Handelsplatz Mekka anzunehmen. Eine erste Stütze findet die These in der allgemein bekannten und vielfach belegten Tatsache, daß nach Mekka ziehende Pilgerkarawanen zur damaligen Zeit fast immer auch Handelskarawanen waren. Daß im 17. Jahrhundert Mekka-Pilger für den Kaffee-Export in ihre Heimatländer von erheblicher Bedeutung waren, berichtet *Hartwich* (1911, S. 311), während *Grohmann* (1933, S. 84) auf die im 19. Jahrhundert von Sana'a ausgehende Kaffee-Ausfuhr mit Karawanen zur Zeit der Mekkamesse hinweist. Um die Mitte des 17. Jahrhunderts soll etwa die Hälfte des jährlichen Kaffee-Exports aus dem Jemen mit Karawanen nach Basra (Bassorah) geliefert worden sein (*Jardin* 1895, S. 67).

Die Vielfalt der Exportwege des Kaffees aus dem Jemen während des 17. und 18. Jahrhunderts wird also insgesamt nur in groben Konturen sichtbar. Unter derartigen Umständen die Ausfuhr quantitativ fassen zu wollen, ist nicht möglich. Unverkennbar ist jedoch, daß die weltweite Nachfragesteigerung einen bedeutenden Konjunkturaufschwung für Kaffee zur Folge hatte. Entsprechende Hinweise ergeben sich aus gelegentlichen Preisangaben in den Quellen, die einen Höhepunkt in der ersten Hälfte des 18. Jahrhunderts andeuten[29], vor allem aber aus den intensiven Bemühungen europäischer Handelskompanien, sich am Kaffeehandel des Jemen und an dessen hohen Gewinnen zu beteiligen. Der Vertreter der niederländischen Kompanie in Mocha berichtete beispielsweise 1718, "that the coffee had become so expensive because the Europeans had started buying to an extend as never before. . . . The English and French purchases had increased in the same proportion (wie jene der Niederländer), and furthermore, the sales to the Turkish, Persian, and Indian areas had increased. The production in Yemen simply could not keep pace this demand" (*Glamann* 1958, S. 196).

Nur rd. zwei Jahrzehnte nach ihren Gründungen errichteten sowohl die Niederländisch-Ostindische Kompanie als auch die Englisch-Ostindische Kompanie um 1618 je eine Faktorei in Mocha[30], während eine entsprechende französische Handelsniederlassung erst im Jahre 1709 etabliert wurde (*Macro* 1968). Zwar scheinen die Faktoreigründungen der Niederländer und Engländer zunächst nicht mit dem Ziel einer unmittelbaren Beteiligung am Kaffee-Handel

---

28   Das könnte zwar eine jüngere Entwicklung (nach *Niebuhrs* Aufenthalt) sein, doch bereits um 1710 hatte der Imām zwei französischen Ärzten in Sana'a ein Geschenk von 500 Ballen Kaffee angeboten, das diese wegen der Transportschwierigkeiten zwischen Sana'a und Mocha ablehnen mußten (*Ritter* 1846, S. 740 ff.). – Für die zweite Hälfte des 19. Jahrhunderts belegt *Grohmann* (1933, S. 84) Sana'a als Hauptstapelplatz für Kaffee.

29   Vergl. dazu u.a. *Glamann* (1958, S. 205).

30   Das von *Boxhall* (1974, S. 102) mitgeteilte Jahr der Eröffnung der niederländischen Faktorei in Mocha (1708) beruht offenbar auf einem Irrtum.

erfolgt zu sein[31], doch ein mittelbarer Zusammenhang muß angenommen werden. Beide Kompanien wollten offensichtlich am attraktiv gewordenen allgemeinen Handel mit der jemenitischen Bevölkerung teilnehmen, weil durch die Einkünfte aus dem Kaffee-Export eine bedeutende Nachfrage für Importgüter entstanden war. Wie zeitgenössische Quellen berichten, wurde jemenitischer Kaffee fast ausschließlich mit Silber und Gold bezahlt[31a]. Im frühen 17. Jahrhundert soll beispielsweise die jährliche Gegenleistung aus Ägypten für die empfangenen Kaffee-Lieferungen im wesentlichen in einem schwer bewaffneten Schiff bestanden haben, "das Schätze trug", und in einer Schätzung aus dem Jahre 1621 beziffert ein Engländer die jährlich von den Ottomanen nach Mocha geleistete Zahlung für Kaffee auf etwa 600.000 £ (*Gavin* 1975, S. 16 ff.). Es bestand also im Jemen ein sicher nicht unbedeutender Kaufkraft-Überhang, der entsprechende Importe bewirkte. Diese kamen nach heutiger Kenntnis vorzugsweise aus Süd- und Ostasien, wobei Textilien und Reis die Hauptkontingente gestellt haben dürften (*Gavin* a.a.O., S. 17). Wie bedeutend der Handelsstrom war und welchen Umfang vor allem die jemenitischen Zahlungen für die Importe erreichten, belegt anschaulich die rege Piraterie jener Zeit, die Freibeuter aller Herren Länder zum Roten Meer zog, wo auch die aus dem Jemen zurückkehrenden Schiffe wegen ihrer mitgeführten Verkaufserlöse das Ziel von Kaperungen und Plünderungen waren[32]. Indirekt werden damit nochmals die Bedeutung des jemenitischen Kaffee-Exports sowie die der daraus resultierenden Erlöse illustriert.

In den lukrativen Importhandel suchten sich die englische und die niederländische Handelskompanie zunächst einzuschalten. Doch schon sehr bald — nur rd. ein Jahrzehnt nach Gründung ihrer Niederlassungen in Mocha — nahmen beide auch den Kaffeehandel auf (*Macro* 1968, S. 5 f.). In der Folgezeit haben sie sich überwiegend auf ihn konzentriert. Zwar wurden Importe nach wie vor vorgenommen — z.B. ist die Einfuhr von Eisen und Stahl durch die Engländer für das Jahr 1733 belegt (*Boxhall* 1974) —, doch hatten diese mehr den Charakter von Nebengeschäften. Das eigentliche Importgeschäft war vom Kaffeehandel unabhängig und lag vorzugsweise in den Händen indischer Kaufleute.

---

31 Eine solche Annahme ergibt sich aus dem Auseinanderklaffen der Faktorei-Gründungsdaten und den von *Macro* mitgeteilten Daten der ersten Kaffeeaufkäufe durch die Kompanien. Die Niederländer schlossen 1684 sogar ihre Faktorei in Mocha vorübergehend wieder und ließen statt dessen jemenitischen Kaffee in Persien sowie in Surat aufkaufen (*Glamann* 1958, S. 187).

31a "The large amounts of precious metals which were realized in Mocha at an early stage made a profound impression on the Dutch merchants. Thus Pieter van den Broecke in 1616 saw the arrival of two caravans which brought about 200.000 rials of eight and 100.000 Hungarian, Venetian, and Turkish gold ducats. Not least the prospect of obtaining part of this stream of specie had made the Dutch East Indian Company send its ships to Mocha . . . . (*Glamann* 1958, S. 189).

32 So erbeuteten Piraten im Jahre 1691 von Kaufleuten, die zwischen Mocha und Surat Handel trieben, die Summe von 120.000 £ (*Ovington* 1696; in *Forster* 1967, S. 175). 1695 gelang es dem englischen Piraten Everey, das die Jahreserlöse aus Mocha nach Surat bringende Schiff zu kapern; seine auf mindestens 500.000 £ geschätzte Beute gilt als die größte Piratenbeute des Jahrhunderts (*Gavin* a.a.O., S. 17). Die Höhe der mitgeführten Beträge erklärt sich u.a. aus dem regionalen Handelsbrauch. Nach *Niebuhr* (1968, S. 445) warteten die Kaufleute von Mocha mit der Absendung des Geldes für empfangene indische Waren zumeist, bis das letzte Schiff des Jahres absegelte.

Als detaillierter Einzelbeleg über den europäischen Kaffeehandel liegen die durch *Boxhall* (a.a.O.) publizierten Tagebuchnotizen des englischen Handelsagenten *Francis Dickinson* aus dem Jahre 1733 vor. Es war insgesamt die Zeit der größten europäischen Nachfrage nach jemenitischem Kaffee, obwohl das Interesse der Niederländisch-Ostindischen Kompanie bereits deutlich nachgelassen hatte (vergl. dazu unten). Allein in den 4 1/2 Monaten des Aufenthalts von *Dickinson* in Mocha[33] wurde der Hafen von einem indischen Schiff unter portugiesischer Flagge, einem niederländischen Schiff sowie zwei französischen und drei englischen Schiffen angelaufen. Davon haben zumindest die Franzosen und die Engländer umfangreiche Kaffeekäufe getätigt, während die Niederländer aus Preisgründen auf Käufe verzichteten. Über evtl. Käufe der Inder unter portugiesischer Flagge wird nichts mitgeteilt. Die Englisch-Ostindische Kompanie exportierte in der Saison des Jahres 1733 3.450 Ballen[34] Kaffee, die Franzosen zumindest 1.850 Ballen[35]. Die insgesamt größten Aufkäufe tätigten jedoch die Türken. Sie erwarben in Bayt al-Faqīh — wo auch Engländer und Franzosen kauften — rd. drei Viertel der dort angebotenen Kaffee-Ernte und exportierten über al-Luḥayyah 6.150 Ballen sowie über Hodeida 7.350 Ballen Kaffee. 12.600 Ballen des türkischen Exports waren für Djidda bestimmt, 900 Ballen sollten von Hodeida nach Basra gehen[36].

Eine grobe Schätzung ergibt also rd. 20.000 Ballen Kaffee, die während der Saison des Jahres 1733 in Bayt al-Faqīh vermarktet wurden. Das erscheint wenig, wenn man die Mitteilung *Daniels* (in *Forster* 1967, S. 73) bedenkt, wonach im Jahre 1700 40.000 Ballen allein über Mocha nach Djidda exportiert worden sind. Es dürfte also ein vergleichsweise schlechtes Kaffeejahr gewesen sein, das in der Quelle erfaßt ist, und der ungewöhnlich hohe Kaffeepreis von 130 Spanischen Talern für das bahār[37] könnte damit eine sinnvolle Deutung finden. In seinem

33 Europäische Agenten der Handelskompanien hielten sich — obwohl entsprechende Faktoreien in Mocha bestanden — üblicherweise nicht ganzjährig im Jemen auf, sondern nur während der eigentlichen Handelssaison. *Dickinson* weilte beispielsweise 1733 vom 1. April bis zum 11. August in der Stadt. In der übrigen Zeit des Jahres nahmen in Mocha ansässige indische Kaufleute ("Banianen") die Interessen der jeweiligen Gesellschaft wahr. Der Rhythmus von Handel und Schiffahrt war — wie in vielen anderen südarabischen Landesteilen — ganz wesentlich durch den Monsun bestimmt.
34 Vergl. dazu oben Fußnote 22.
35 Die "Podicherry" verließ Mocha am 12.6.1733 mit einer Ladung von 1.850 Ballen Kaffee (*Boxhall* a.a.O., S. 111). Am 29.4.1733 war jedoch noch die "Royal Phillipp" eingelaufen, über deren Ladung und Auslaufen die gedruckte Fassung der Quelle keine Angaben enthält. Das auf die Franzosen entfallende Exportvolumen des Jahres 1733 ist also ggf. höher anzusetzen.
36 Für die zwanziger Jahre des 18. Jahrhunderts teilt *Glamann* (1958, S. 206) einige Zahlen nach englischen Quellen mit, die — mit aller Vorsicht — ein Abschätzen der Größenordnungen der Aufkäufe orientalischer und europäischer Händler erlauben. *Gavin* (1975, S. 17 f.) charakterisiert die Relationen zusammenfassend mit der Bemerkung, daß der Anteil der Europäer am Kaffeehandel "selten mehr als die Hälfte dessen (betrug), was nach Norden (in den Orient) .... exportiert wurde".
37 Das bahār war eine Gewichtseinheit, die zeitlich und regional erheblich schwankte (vergl. *Hinz* 1955, S. 8—10). Für die hier ausgewertete Quelle nennt *Boxhall* (a.a.O., S. 103) ein Gewicht von etwa 450 lbs für 1 Mocha bahār; *Gavin* (1975, S. 358, Fußn. 71)

Schlußbericht an die leitenden Gremien der Ostindischen Kompanie (*Boxhall* a.a.O., S. 113) bestätigt *Dickinson* die Wertung: ". . . but yet we did not find it (Kaffee) come to market in that plenty as we expected from the great quantity we were made to believe there was in the Country . . .". Als Grund nennt er u.a die Zerstörung zahlreicher Pflanzungen durch die Bürgerkriege im Jemen. Darüber hinaus scheint es aber auch ein ungewöhnlich trockenes Jahr gewesen zu sein, denn in einem Schreiben an seine beiden in Mocha zurückbleibenden indischen Beauftragten gibt er der Hoffnung Ausdruck, daß der Kaffeepreis nach der neuen Ernte sinken würde, da nunmehr reichlich Niederschläge gefallen seien. *Dickinson* war optimistisch. Er ließ seinen indischen Beauftragten 100.000 Spanische Taler zurück, für die sie während seiner Abwesenheit möglichst günstig Kaffee einkaufen und in der englischen Faktorei in Mocha einlagern sollten.

Die Tagebuchnotizen *Dickinsons* stammen — wie erwähnt — aus der Blütezeit des europäischen Kaffeehandels im Jemen. Bezeichnenderweise kündigt sich aber in zwei interessanten Details des Berichts bereits der bevorstehende Niedergang an. Die Niederländer hatten in der Saison 1733 keinen Kaffee im Jemen gekauft, weil der Preis ihr Limit überschritten hatte. "And we wonder", fährt *Dickinson* fort, "why they would even buy at that rate, having such vast Quantitys of their own so much cheaper from Java and Ceylon, and we are told they make but a small Difference in Europe between that and Arabia Coffee" (*Boxhall* a.a.O., S. 113). Noch ein Jahrzehnt zuvor war die Situation auch für die Niederländer ganz anders gewesen. Im Jahre 1720, auf dem Höhepunkt ihres Jemen-Handels, verfrachteten sie mit der "Rotterdam" und der "Lugtenberg" die größte Kaffeeladung, (1.771.742 Pfund), die sie jemals von Mocha aus exportiert hatten, und 1721 stammten 90% des holländischen Kaffeebedarfs aus Südwestarabien. Nur fünf Jahre später wurde der gleiche Marktanteil bereits von Java gedeckt. Besuche niederländischer Schiffe — nun wieder mehr durch Warenlieferungen in den Jemen veranlaßt — wurden seltener, der Betrieb der holländischen Faktorei in Mocha 1724 aufgegeben[38] und der geringe Handel unmittelbar vom jeweiligen Schiff aus betrieben (*Glamann* 1958, S. 201, 206; *Macro* 1968, S. 8 f.).

Daß nach dem niederländischen Erfolg auch die anderen europäischen Kompanien eine derartige "Eigenversorgung" aus ihren Kolonien anstrebten, erstaunt nicht. Die Tagebuchnotizen *Dickinsons* enthalten dazu einen interessanten Beleg: Mitte Mai 1733 bittet er seinen in Bayt al-Faqīh weilenden (englischen) Mitarbeiter, einige Kaffeebäume für die Station der Kompanie auf St. Helena zu beschaffen. In der Antwort vom 26. Mai aus Bayt al-Faqīh heißt es, das sei unmöglich, weil die Regierung (des Jemen) einen Inder mit 500 Spanischen Talern für einen entsprechenden Versuch bestraft habe. Der Inder habe jedoch angeboten, Kaffeesamen, aus denen die Pflanzer üblicherweise junge Bäume ziehen, zu beschaffen, was vielleicht den gleichen Zweck erfüllen würde (*Boxhall* a.a.O., S. 109 f.).

gibt das Gewicht von 1 Mocha bahār mit 280 lbs an. — Der Spanische Taler (oder 'real') war eine der Hauptwährungen im mittelalterlichen Orient (neben den Goldstücken von Venedig und Florenz). Sein Gewicht in Feinsilber war 23,5 Gramm. Da Silber — in Relation zum Gold — im Laufe der Zeit immer billiger wurde, veränderte sich der Wert des Spanischen Talers entsprechend (frdl. briefliche Mitt. von Herrn Prof. Dr. *W. Hinz*, Göttingen).

38 Das Gebäude der Faktorei unterhielt die Niederländisch-Ostindische Kompanie noch während des gesamten 18. Jahrhunderts.

Die jemenitischen Behörden waren also ganz offensichtlich bestrebt, eine Ausfuhr von Kaffeepflanzen zu verhindern, um die Stellung ihres Landes in der Versorgung des Weltmarktes nicht zu gefährden. Doch dazu war es inzwischen zu spät. Die Niederländer besaßen bereits eigene, produzierende Pflanzungen in ihren Kolonien, und für die Franzosen war es nur noch eine Frage der Zeit, wann auch sie über quantitativ nennenswerte Kaffee-Ernten aus ihren Besitzungen verfügen konnten. Schon im Jahre 1711 hatten zwei Schiffe "jemenitische Kaffee-Büsche" zur weiteren Vermehrung nach Réunion gebracht (*Macro* 1968, S. 12); sie bildeten den Grundstock für die im 18. Jahrhundert durch afrikanische Sklaven auf Réunion angelegten Kaffee-Pflanzungen. In die westindischen Besitzungen Frankreichs gelangten die ersten Kaffeesträucher im Jahre 1723 (nach anderer Quelle 1718. — *Wenner* 1964, S. 14; *Spriestersbach* 1962, S. 27)[39].

Aus der Übertragung des Kaffeestrauches in die europäischen Kolonien erwuchs der jemenitischen Kaffeeproduktion schon bald eine erste ernsthafte Konkurrenz. Die Niederländer importierten seit dem Beginn der zwanziger Jahre des 18. Jahrhunderts immer bedeutendere Mengen von Kaffee aus ihren süd- und südostasiatischen Pflanzungen nach Europa[40]. Nur etwa zwanzig Jahre später setzten auch französische Lieferungen aus Westindien ein. Ab 1746 wurde westindischer Kaffee sogar in die Levante exportiert, und im späten 18. Jahrhundert drang europäischer Kolonial-Kaffee auch auf den maghrebinischen Markt vor (*Gavin* a.a.O., S. 20 f.).

Im Jemen selbst waren die Folgen der sich anbahnenden Umorientierung in der Kaffeeversorgung des Weltmarktes nicht sofort spürbar. Die weltweit steigende Nachfrage kompensierte zunächst das zusätzliche Angebot aus den Kolonien. Doch der Trend war unübersehbar. Als erste blieben — wie bereits erwähnt wurde — die Niederländer als regelmäßige Käufer aus. Ihrem Beispiel folgten schon bald die Franzosen : Noch für das Jahr 1733 sind sie als regelmäßige Aufkäufer belegt; als *Niebuhr* dreißig Jahre später in Mocha weilte, waren sie seit sieben Jahren (also seit Mitte der fünfziger Jahre des 18. Jahrhunderts) nicht mehr dort gewesen[41]. Auch "die Portugiesen, welche ehemals einen starken Handel nach dem arabischen Meerbusen hatten, haben seit vielen Jahren kein Schiff mehr dahin gesandt" (*Niebuhr* 1968, S. 444). Lediglich die Engländer erschienen zunächst noch regelmäßig als Aufkäufer in Mocha, bzw. in Bayt al-Faqīh. Im Jahr von *Niebuhrs* Aufenthalt (1763) waren vier englische Schiffe aus Indien in Mocha. Sie fuhren für private

---

39 1714 soll der Direktor des Botanischen Gartens von Amsterdam Ludwig XIV. einen oder zwei Setzlinge des Kaffeebaums als Geschenk übersandt haben. Sie sollen in den Treibhäusern von Versailles vermehrt und einige Exemplare 1723 nach Martinique und Guadeloupe gebracht worden sein. Vergl. dazu auch *Ritter* (1847, S. 595 f.).

40 Vergl. dazu oben Anmerkung 21. — Die Erntemengen auf Java stiegen von 1.774 Pfund im Jahre 1713/14 auf 5.310.084 Pfund im Jahre 1727/28 (*Glamann* 1958, S. 208). 1743 sollen die Niederländer allein von Java 3.555.877 Pfund Kaffee nach England geliefert haben, während die Ausfuhr von Mocha nach den Niederlanden auf 12.368 Pfund gesunken war (*Ratzka-Ernst* 1912, S. 69).

41 Der von *Niebuhr* mitgeteilte Grund — "wegen des Krieges mit den Engländern" — ist vordergründig und gibt vermutlich die zur Zeit seines Aufenthalts übliche örtliche Ansicht wieder (vergl. auch *Macro* 1968, S. 12 f.).

Rechnung englischer Kaufleute in Indien. Die Handelskompanie selbst pflegte nur noch alle zwei Jahre ein Schiff nach Mocha zu senden, " um Caffebohnen zu holen" (*Niebuhr* a.a.O., S. 443). Nach *Gavin* (a.a.O., S. 21) trieb die Englisch-Ostindische Kompanie bis 1767 regelmäßigen Handel in Mocha; danach schickte sie nur noch gelegentlich Schiffe. Das individuelle Handelsinteresse englischer Kaufleute aus Indien dürfte noch etwas länger angedauert haben[42].

Eine unerwartete kurzfristige Belebung durch nichtorientalische Händler erfuhr der Kaffeehandel im Jemen zwar nochmals zu Beginn des 19. Jahrhunderts durch 1803 erstmals im Roten Meer erscheinende amerikanische Handelsschiffe (*Macro* 1960, S. 42 f.), doch der generelle Entwicklungstrend konnte dadurch nicht gebrochen werden. Der Jemen hatte seine Monopolstellung auf dem Weltkaffeemarkt eingebüßt. Sein Produktionsanteil, den wir noch um 1720 mit 100% ansetzen dürfen, sank bis zur Mitte des 19. Jahrhunderts auf wenige Prozente oder Bruchteile eines Prozents der Welterzeugung[43, 44] (Abb. 1). Damit war bereits etwa jener minimale Anteil von rd. einem halben Prozent erreicht, den die Statistiken Anfang unseres Jahrhunderts dem südwestarabischen Kaffeeanbaugebiet zuerkennen (um 1911/12: 0,47%; 1924/25: 0,58%; 1927/28: 0,33%)[45]. Der anteilmäßige Rückgang der jemenitischen Kaffeeproduktion resultierte ganz überwiegend aus den stetig wachsenden Lieferungen neuer Anbaugebiete, an deren Spitze sich im Verlauf des 19. Jahrhunderts Brasilien setzte (1838/39: 28,25%; 1843: 37,53%; 1924/25: 61,7%; 1927/28: 62,85%)[43, 45].

Darüber hinaus deuten die Quellen auch einen gewissen absoluten Rückgang der jemenitischen Erzeugung an, doch sind derartige Zahlenangaben nur mit allergrößter Vorsicht und Zurückhaltung zu werten. Wie *Kopp* in seinem Beitrag über die heutige Situation darlegt (vergl. dazu unten), sind selbst die heutigen Produktionszahlen des Jemen im Prinzip unbekannt; wie groß muß die Fehlerbreite dann erst im 18. und 19. Jahrhundert gewesen sein?

42 Nach einem zeitgenössischen Bericht war die englische Faktorei in Mocha zu Beginn der siebziger Jahre des 18. Jahrhunderts unbewohnt. Lediglich Lageraufseher und Kapitäne, die dort während ihres kurzen Aufenthalts verweilten, wären anzutreffen. 1778 gab es dagegen wieder einen "Residenten" (*Macro* 1960, S. 40). Im Jahre 1828 gaben die Engländer ihre Niederlassung in Mocha auf (*Macro* 1968, S. 5). Bestehen oder Nichtbestehen von Faktoreien spiegeln die Handelsaktivitäten der entsprechenden Kompanien generell nur sehr ungenau wieder. Einerseits haben Holländer und Franzosen ihre Niederlassungen formell noch unterhalten, als sie keinen nennenswerten Handel mehr betrieben; andererseits gab es auch nach der Schließung der Faktoreien gelegentliche Handelsaktivitäten der entsprechenden Nationen. Im Jahre 1839 war beispielsweise ein arabischer Kaufmann als Agent von Franzosen und Engländern tätig (*Macro* 1960, S. 41); daß er beide vertrat, unterstreicht die mittlerweile geringe Bedeutung des Handels.

43 Berechnet nach *Ratzka-Ernst* (1912, S. 77–79).

44 Die zur Verfügung stehenden Statistiken für die erste Hälfte des 19. Jahrhunderts fassen üblicherweise die Produktionsgebiete "Ostindien" und "Mocca" in einer Zahl zusammen, eine Aufgliederung ist dabei nicht möglich. Für das Jahr 1836 teilt *Ritter* (1847, S. 608) eine Schätzung des Exports, aufgegliedert nach Produktionsgebieten, mit; danach hätte der Anteil der über Mocha laufenden Kaffee-Ausfuhr nur noch 0,37% des Weltexports betragen.

45 Nach *Heiderich* und *Sieger* (1921, S. 217) sowie *Dietrich* und *Leiter* (1930, S. 126 f.).

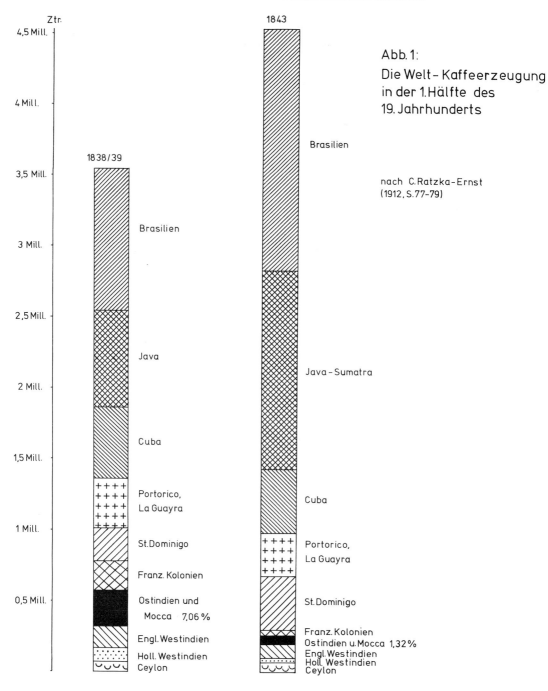

Abb. 1: Die Welt-Kaffeerzeugung in der 1. Hälfte des 19. Jahrhunderts

nach C. Ratzka-Ernst (1912, S. 77-79)

Der immer wirksamer werdende Bedeutungsschwund des jemenitischen Kaffeehandels traf neben dem südwestarabischen Produktionsgebiet auch Ägypten, das bislang durch Zölle am Transitverkehr der nach Norden gehenden Ausfuhr partizipiert hatte. Erste Einbrüche hatte zwar schon das Engagement der europäischen Handelsgesellschaften gebracht, die ihre Anteile am Export auf dem Seeweg um das Kap der Guten Hoffnung nach Europa transportierten, doch hatten sich die daraus resultierenden Einbußen wohl noch in erträglichen Grenzen gehalten. Das für orientalische Märkte bestimmte Exportvolumen war — wie oben ausgeführt wurde — durchweg größer als der auf die Handelsgesellschaften entfallende Anteil, und aus dem entsprechenden Transitverkehr flossen nach wie vor die Zolleinnahmen Ägyptens. Dies änderte sich erst, als der europäische Kolonialkaffee auch die orientalischen Absatzgebiete eroberte; nun erfolgte deren Versorgung nicht mehr auf dem Weg über das Rote Meer und über Ägypten, sondern unmittelbar über die Häfen der Mittelmeeranrainer. Es erscheint daher verständlich und subjektiv logisch, daß Ägypten in dieser Situation versuchte, seine Einkünfte durch rigorose Zwangsmaßnahmen zu sichern. Die territorialpolitische Entwicklung in den dreißiger Jahren des 19. Jahrhunderts bot dazu die Möglichkeit, als die Osmanen die jemenitische Tihāmah besetzten und damit sowohl die dort gelegenen Kaffeemärkte als auch der ägyptische Transitraum in einer Hand vereint waren. Mehmed Ali, Vizekönig von Ägypten, verfügte, daß die Hälfte der jährlichen jemenitischen Kaffee-Ernte ihm zu überlassen sei. Gleichzeitig nahm er für sich das ausschließliche Kaffee-Importmonopol für Ägypten in Anspruch (*Ritter* 1846, S. 749 f., 778 und 875 f.). Die ältere Forschung sah die Einführung des Kaffeemonopols durch den ägyptischen Vizekönig vor allem unter dem Aspekt eines persönlichen Gewinnstrebens, ihr geht jedoch eine aus der gesamtwirtschaftlichen Entwicklung resultierende Logik keineswegs ab. Das Resultat war allerdings — wie meist bei derartigen Versuchen dirigistischer Eingriffe — letztlich negativ. Zeitgenössische Reisende berichteten vom Rückgang des Handels in Bayt al-Faqīh sowie vom Bedeutungsschwund Mochas und Hodeidas als Ausfuhrhäfen (vergl. dazu *Ritter* a.a.O.). Kaffeehandel und -export orientierten sich in der Folgezeit zunehmend auf Aden um.

III. SIEDLUNGSGEOGRAPHISCHE INSTABILITÄT ALS FOLGE DER UMORIENTIERUNG DES KAFFEE–UMSCHLAGS IN SÜDWESTARABIEN

Berichte und Nachrichten aus verschiedenen Zeiten über städtische Siedlungen der Tihāmah, insbesondere über die Hafenstädte, erscheinen oft merkwürdig widersprüchlich. Einmal künden sie von blühenden Städten, ein anderes Mal wird für die gleichen Orte vom Verfall des Baubestandes, von Ruinenbezirken und von allgemeinem Niedergang berichtet. So soll — um ein Beispiel herauszugreifen — Aden im 13. Jahrhundert rd. 80.000 Einwohner beherbergt haben, während zur Zeit der Eroberung durch die Engländer nur etwa 1.000 Menschen in der Stadt lebten; im weiteren Verlauf des 19. Jahrhunderts sei die Bevölkerungszahl dann wieder sehr schnell angewachsen. Ähnlich zwiespältige Nachrichten liegen über al-Luḥayyah vor. *Niebuhr*, der 1762 in jenem Ort der nördlichen Tihāmah weilte, beschreibt ihn als durchaus intakte Hafen- und Handelsstadt, während der nur 63 Jahre später im Jemen reisende *Ehrenberg* berichtet, daß die Stadt von ihren Einwohnern verlassen worden sei (nach *Ritter* 1846, S. 886 f.). Auch Ġalafkah scheint sich in die Reihe einzufügen: "Die Stadt Ghalef'ka war ehmals berühmt, weil hier der Hafen von Zebid war. Aber dieser ist gänzlich unbrauchbar geworden ... Ghalef'ka besteht daher jetzt nur aus 20 oder höchstens 30 schlechten Hütten, die alle zerstreut zwischen Dattelbäumen liegen, und die Einwohner dieses armen Dorfes ernähren sich größtentheils von Datteln und Schafen, sie fangen auch etwas Fische ... Von der alten Stadt sieht man nichts, als nur die umgefallenen Mauern einer großen Mosqué ..." (*Niebuhr* 1968, S. 323). Die Beispiele ließen sich vermehren; insbesondere liegen über Mocha derartig widersprüchliche Nachrichten vor.

Da die ausgewerteten Berichte aus europäischen Quellen stammen, könnte man zunächst daran denken, die Erklärung ihrer Widersprüchlichkeit in dem allgemein schlechten europäischen Kenntnisstand über die Städte des Jemens zu suchen, wie er sich augenfällig in den frühen europäischen Atlanten widerspiegelt[46]. Doch eine solche Vermutung wäre falsch. Die

---

46 Beispielsweise sind die Hafenorte Mocha und Hodeida häufig als Binnenlandstädte eingezeichnet (*Mercator-Atlas,* Amsterdam 1608, vorh. Gutenberg-Museum Mainz. — *Cornelius de Judaeis:* Speculum orbis terrae, Bl. secundae partis Asiae, Antwerpen 1593; Staatsbibliothek Bamberg, Sign. Atl. ggr. 38. — *Abraham Ortelius:* Theatrum orbis terrarum, opus denuo recognitum atque auctum, Antwerpen Ende 16. Jahrh.; Staatsbibliothek Bamberg, Sign. Atl. ggr. 54). *Joh. Baptist Homann*: Großer Atlas über die gantze Welt (Nürnberg 1737, darin Karte 27 (Afrika) von *Joh. Mathias Hasius*) stellt Mocha als Hafen, Hodeida als Insel und Bayt al-Faqīh als Hafenstadt dar. Daneben treten häufig Verwechselungen von Ortslagen auf. So ist bei *Cornelius de Judaeis* (Zitat und Fundstelle oben) in der ungefähren Lage Mochas ein "Mecca" eingezeichnet (ein zweites "Mecca" ist zusätzlich etwa lagerichtig plaziert); im Atlas portatilis (Nürnberg 1724; Staatsbibliothek Bamberg, Sign. Atl. ggr. 11) erscheint Aden etwa in der Position Mochas. — Die relative Exaktheit der Darstellung bei *Johannes Blaeu:* Atlas maior, Bd. 9 (Amsterdam

Autoren der Berichte sind ausnahmslos zeitgenössische Reisende, die aus eigener Anschauung berichten. Den Quellen ist also ein durchaus realer Gehalt zuzubilligen. Damit bleibt nur die Folgerung, daß die Städte der Tihāmah tatsächlich zu verschiedenen Zeiten deutliche Anzeichen von Blüte und Niedergang zeigten.

In ihren Deutungsversuchen für die sich abzeichnenden Niedergangsphasen – die sich oft auch in partiellen Wüstungserscheinungen äußerten – verweisen zeitgenössische Berichterstatter häufig auf negative Veränderungen natürlicher Faktoren, – etwa auf ein Versanden von Häfen, das Emporwachsen von Korallenriffen oder das Aufwehen und Wandern von Dünen. Solche Notizen geben zweifellos entsprechende Mitteilungen einheimischer Gewährspersonen wieder, da die Aufenthaltsdauer des einzelnen Reisenden für eigene Beobachtungen entsprechender Veränderungen viel zu kurz war. Zweifel an der Richtigkeit sind somit angebracht. Zur Vorsicht vor einer vorschnellen Übernahme derartiger Deutungen mahnt aber noch eine andere Überlegung: Das Emporwachsen von Korallenriffen vor einem Hafen oder dessen Versanden erfolgen viel zu langsam, um einen so schnellen Niedergang einer Stadt – wie ihn die oft in relativ kurzen Abständen aufeinanderfolgenden Berichte illustrieren – verursachen zu können. Auch das gelegentliche spätere Wiederaufblühen der Städte spricht dagegen. Es muß also nach anderen Ursachen gesucht werden.

Unter den Städten des Orients nehmen jene der Tieflandstihāmah – insbesondere die Küstenstädte – in entscheidenden Punkten eine Sonderstellung ein. Die seenahen Bereiche der schwül-heißen, trockenen Küstentihāmah sind durch außerordentlich geringe Niederschläge und einen verbreiteten Halbwüstencharakter ausgezeichnet (vergl. *Kopp* 1975). Es fehlt demzufolge eine dichtere Besiedlung durch eine seßhafte, agrarwirtschaftlich tätige Bevölkerung. Eine wesentliche Funktion der "normalen" orientalischen Stadt – Mittelpunkt eines intensiv genutzten, dicht bevölkerten Umlands zu sein (*Wirth* 1975, S. 85) – entfällt also bei ihnen. Und auch die von *Wirth* (a.a.O., S. 86) als weitere Funktion herausgestellte Rolle als Stützpunkt und Etappen- sowie Organisationsstation an Fernhandelsstraßen ist nicht gegeben; die küstennahen Bereiche der Tieflandstihāmah wurden – nicht zuletzt der klimatischen Ungunst wegen – von Fernhandelsstraßen gemieden. Damit hatten die Küstenstädte der Tihāmah, ganz im Gegensatz zum Regeltyp der orientalischen Stadt, in der Vergangenheit eine wesentlich eingeschränkte Funktionspalette. Während sich auch die orientalische Stadt durch eine allgemein-städtische Multifunktionalität auszeichnet (*Wirth* 1975), war für die Küstenstädte der jemenitischen Tihāmah eine weitgehende Monofunktionalität das Charakteristikum. Abgesehen von einem unbedeutenden Fischfang zur Eigenversorgung der Bewohner waren sie im wesentlichen lediglich Umschlagplätze des Güterverkehrs. Selbst die sonst in Hafenstädten lokalisierten Handelsfunktionen für die Umschlagsgüter fehlten ihnen weitgehend; die entsprechenden Handelsplätze – etwa Bayt al-Faqīh – lagen im Binnenland. In diesem Zusammenhang erscheint es bezeichnend, daß das Amt Hodeida – Sitz eines dem Imām unmittelbar unterstehenden Dawlas (Gouver-

---

1641; Staatsbibliothek Bamberg, Sign. Atl. ggr. 16/9), der Mocha als Hafenstadt ausweist, erscheint zu jener Zeit als Ausnahme und wird erst wieder von *Mathaeus Seutter:* Atlas novus (Bl. 3, Afrika, 1791; Staatsbibliothek Bamberg, Sign. Atl. ggr. 63p) durch die exakte Plazierung von "Mochha vel. Moka", "Hodeida", "Loheia", "Mecca", "Dsiida" und "Aden" übertroffen.

neurs) — zu *Niebuhrs* Zeiten räumlich nur den Stadtbezirk umfaßte. Der nach Zolleinkünften und Warenumschlag damals bereits bedeutende Hafen hatte also — wenn die Ausdehnung des Amtsbezirks als ein Indiz für die Zentralität gelten darf — anscheinend kaum zentralörtliche Funktionen für ein weiteres Umland (*Niebuhr* 1968, S. 324; 1969, S. 228).

Unter solchen Umständen liegt es nahe, die Ursachen für Niedergangs- oder Regressionserscheinungen in den städtischen Siedlungen am Roten Meer — gleiches gilt aber offensichtlich auch für Aden — in einem völligen oder teilweisen, vorübergehenden oder dauernden Funktionsverlust zu sehen. Bei der sehr einseitigen Ausrichtung auf den Warenumschlag mußte — wenn der skizzierte Ansatz stimmt — jede Verlagerung des Warenstroms einen enormen Bedeutungsverlust mit kräftig spürbaren Niedergangserscheinungen in der einen und eine entsprechende Aufschwungsphase mit allen zugehörigen Erscheinungen in der anderen Hafenstadt zur Folge gehabt haben. Da der Kaffee-Export im Warenumschlag der jemenitischen Häfen eine überragende Rolle spielte, ist zu vermuten, daß Umorientierungen in der Kaffeeausfuhr über die verschiedenen, konkurrierenden Hafenstädte eine entscheidende Rolle spielten. Im folgenden soll versucht werden, diese These am Beispiel von Mocha zu überprüfen.

1. MOCHA IM 17. UND 18. JAHRHUNDERT

In älteren Reisebeschreibungen und darauf basierenden Darstellungen wurde Mocha häufig als der bedeutendste Kaffeehafen an der jemenitischen Küste des Roten Meeres bezeichnet. Eine solche Wertung muß mit erheblichen Vorbehalten aufgenommen werden. Zweifellos war Mocha im 17. und 18. Jahrhundert ein bedeutender Export- und Importhafen, doch konkrete Einzelbelege (etwa *Boxhall* 1974, S. 112, für das Jahr 1733) zeigen, daß Mochas Konkurrenten Hodeida und al-Luḥayyah nach ihrem Exportvolumen ähnlich bedeutend waren (dazu auch *Niebuhr* 1968, S. 305 f. und 324 f.). Dennoch hatte die Stadt eine Sonderstellung inne: Nur in ihr unterhielten europäische Handelsgesellschaften Faktoreien, und ihr Hafen war der einzige im Jemen, den europäische Schiffe anliefen, um Kaffee zu laden. In Hodeida und al-Luḥayyah wurde dagegen der Kaffee nichteuropäischer, vor allem orientalischer Kaufleute verschifft. Mocha war also nicht unbedingt der bedeutendste Kaffeehafen, wohl aber "seit einem Jahrhundert (der) den europäischen Handelsnationen . . . bekannteste Seehafen von Jemen" (*Ritter* 1846, S. 768). Für die Europäer resultierte daraus ein einseitiger Kenntnisstand, was die vermutete Überbewertung in europäischen Quellen verständlich erscheinen läßt.

Als Ursache einer derartigen Sonderstellung Mochas scheiden denkbare, besonders günstige Hafenverhältnisse aus. Wie in Hodeida und al-Luḥayyah mußten auch vor Mocha die Segler auf offener Reede ankern und wurden mit Booten geleichtert, bzw. beladen; zwischen den Häfen bestehende Unterschiede waren allenfalls gradueller Art. So kann vermutet werden, daß Mochas topographische Lage ein wesentlicher Grund für die Konzentration europäischer Handelsaktivitäten auf die Stadt war. Die ersten europäischen Aufkäufer kamen aus dem südasiatischindischen Raum, dorthin lieferten Niederländer und Engländer Kaffee lange bevor sie ihn um das Kap nach Europa verschifften. Für ihre Segler war, da Aden zu jener Zeit ausschied, Mocha der erste Hafen im Jemen. Von hier aus entsandten sie ihre Beauftragten nach Sana'a, um die Erlaubnis des Imāms zum Handel und zur Gründung von Faktoreien zu erlangen (*Macro* 1968)[47]. Privilegien in der Zollabfertigung[48] und besonders günstige Zölle[49] verliehen Mocha für die europäischen Kaufleute eine zusätzliche Attraktivität.

Das Bild der Stadt scheint durch die Sonderstellung als Hafenplatz für die europäischen Handelsaktivitäten im Land keine spezielle, vom Bild vergleichbarer Orte abweichende Prägung erfahren zu haben. Die Faktoreien der Engländer, Niederländer und Franzosen entsprachen in Baustil und innerer Gliederung denen der ortsüblichen arabischen Gebäude, was nicht erstaunlich ist, da es sich ausnahmslos um gemietete Häuser handelte[50]. *Valentia* beschrieb im Jahre 1806 die englische Niederlassung in Mocha "as a large lofty building having most of the inconveniences of an Arab house" (nach *Macro* a.a.O., S. 41). Nach den spärlichen Angaben in verschiedenen zeitgenössischen Berichten[50] scheint es sich um hohe Flachdachbauten gehandelt zu haben, die um einen Hofraum gruppiert waren und im Erdgeschoß große Lagerräume besaßen. Ihr Wohnteil war so bemessen, daß *De Grandpré* (1790) die englische Faktorei für geeignet hielt, "the staffs of five or six ships" zu beherbergen[50]. Andere, speziell dem Bedarf der europäischen Kaufleute dienende Einrichtungen gab es — sieht man vom kleinen Europäerfriedhof vor den Toren der Stadt ab (*Niebuhr* 1968, S. 369) — nicht. Das ist um so verständlicher, als sich die europäischen Agenten der Handelskompanien üblicherweise nur periodisch, später sogar nur episodisch, in Mocha aufhielten.

Führten die europäischen Aktivitäten zu keiner besonderen Prägung Mochas, so bestimmte seine allgemeine Funktion als Hafenort und Warenumschlagplatz offenbar um so nachhaltiger das Erscheinungsbild der Stadt und ihre Gliederung. Die von Mauern umgebene Innenstadt, deren Baubestand auf etwa 85 bis 100 Gebäudeblöcke geschätzt wurde (*Macro* 1960, S. 36), beherbergte in ihrem hafennahen Teil alle für den Warenumschlag bedeutungsvollen Einrichtungen[51]. Auch der örtliche Sūq

47 Ob die Konzentration der europäischen Aktivitäten im Jemen auf Mocha auch vom Imām bewußt gesteuert worden ist, läßt sich aus den Quellen nicht entnehmen.
48 Die europäischen Handelsgesellschaften besaßen das Privileg, ihre Waren vom Schiff aus unmittelbar in ihre Niederlassungen (Faktoreien) bringen zu lassen, während die Waren aller nichteuropäischen Händler zunächst im Zollgebäude gestapelt werden mußten, um dort geprüft, geschätzt und verzollt zu werden. Letzteres hatte erhebliche Verzögerungen der Abfertigung zur Folge und bedingte — in Form von Bestechungsgeldern — üblicherweise zusätzliche Kosten, um eine halbwegs zügige Abfertigung zu erreichen (*Ovington* 1696 in *Forster* 1967, S. 174; *Niebuhr* 1968, S. 444).
49 Im einzelnen schwankte die Höhe der Zollabgaben für Importe und Exporte im Laufe der Entwicklung zwar (vergl. dazu die Zusammenstellung bei *Macro* 1960, S. 37–39), doch lagen die von Europäern zu zahlenden Abgabensätze immer sehr deutlich unter den von nichteuropäischen Kaufleuten erhobenen. Zu *Niebuhrs* Zeiten zahlten Europäer 3%, Nichteuropäer 8 bis 10% Zoll (*Niebuhr* 1968, S. 444).
50 Vergl. dazu die Zusammenstellung bei *Macro* (1960, S. 39 ff.).
51 Vergl. dazu unten den Beitrag von *Höhfeld*.

dürfte in der Innenstadt gelegen haben. Zwar berichten die vorliegenden Quellen kaum etwas über Marktfunktionen in der Stadt, doch kann kein Zweifel bestehen, daß solche — vermutlich sogar in räumlicher Konzentration — bestanden haben. Allein die Versorgung einer Bevölkerung von über 10.000 Einwohnern[52] erforderte entsprechende Einrichtungen. Wenn in einer Quelle ein "Marché des herbes" verzeichnet wird (*Macro* 1960, S. 37), so könnte damit vielleicht der Viehfuttermarkt gemeint gewesen sein, — eine Erscheinung, die sich noch heute in jemenitischen Städten regelmäßig am Rande des jeweiligen Sūqs findet und der Futterversorgung des städtischen Viehstapels dient. Für Mocha zur damaligen Zeit ist auch an die Versorgung der Lastkamele zu denken. Ob es in Mocha allerdings einen echten Sūq mit den vielfältigen zentralen Funktionen eines Bazars (i.S. von *Wirth* 1974/75) gegeben hat, muß auf Grund der vermutlich weitgehend fehlenden Zentralität der Stadt bezweifelt werden.

Als überörtliche Einrichtung wirklich belegt ist (für die erste Hälfte des 18. Jahrhunderts) lediglich ein von Bauern belieferter Kaffee-Markt. Er bestand im Jahre 1709 aus zwei großen Höfen mit gedeckten Galerien. Aufkäufer waren indische Banianen, die offensichtlich als Zwischenhändler fungierten (*La Roque*, nach *Macro* 1960, S. 37). Der Markt war wohl auch 1733 noch in Funktion, denn *Dickinson* berichtet: "The coffee that ist brought to Mocha (im Gegensatz zu dem nach Bayt al-Faqīh gelieferten) is from several villages that lie 3 to 6 days South of Mocha" (*Boxhall* 1974, S. 113). Das Bestehen eines solchen Kaffeemarktes in Mocha scheint der oben formulierten These zu widersprechen, wonach die Funktion der Stadt im wesentlichen im Warenumschlag, weniger im Handel mit Gütern bestanden habe. Doch nach allem, was wir wissen, handelte es sich um eine nur unbedeutende Ausnahme, die die grundsätzliche Regel nicht in Frage stellt: *Dickinson* notierte ausdrücklich, daß die Menge des unmittelbar in Mocha vermarkteten Kaffees nur gering war und daß auch jene Dörfer "im Süden"[53] ursprünglich den großen Markt in Bayt al-Faqīh beliefert hatten[54]. Ob die Absatz-Umorientierung jenes kleinen Produktionsgebietes wegen der geringeren Entfernung nach Mocha oder aus anderen Gründen erfolgte, ist unbekannt[54a].

Dem prägenden Einfluß durch die vorherrschende Funktion der Stadt als Hafen und Warenumschlagplatz unterlag nicht nur die Innenstadt. Auch der außerhalb der Stadtmauern gelegene Teil der städtischen Siedlungsfläche scheint davon sehr wesentlich bestimmt gewesen zu sein. Er war zumindest teilweise deutlich in Sozialviertel gegliedert und beherbergte u.a. auch die Wohnquartiere fremder Volksgruppen, deren Existenz in Mocha mit der Hafenfunktion der Stadt teilweise in engem

---

52 *La Roque* schätzte 1709 allein die islamische Bevölkerung Mochas auf 10.000 Personen (*Macro* a.a.O., S. 56); hinzu kamen nichtislamische Gruppen von teilweise erheblicher Größe.

53 Die Lagebezeichnung "South of Mocha" kann nicht richtig sein; vermutlich lagen die Dörfer östlich von Mocha.

54 "The reason why little coffee comes to Mocha is that it is previously sold at Bait al-Faqīh, where the Turks buy three-quarters of the country's coffee produce" (*Boxhall* 1974, S. 113).

54a Nach *Glamann* (1958, S. 191) sollen im ersten Drittel des 18. Jahrhunderts in Mocha auch sehr geringe Mengen abessinischen Kaffees minderer Qualität gehandelt worden sein.

Zusammenhang stand. Einige der ethnisch gegliederten Viertel dürften wohl auch den Charakter sog. primärer Stadtviertel (Ghettos) besessen haben. Es entsprach der zeitbedingten landesüblichen Rechtsauffassung, daß nichtarabische Gruppen — mit Ausnahme der Europäer — außerhalb der eigentlichen Stadt zu siedeln hatten[55]. Im Vorstadtbereich Mochas bestanden daher eigene, separierte Wohnviertel von Juden, Armeniern, Indern und Somaliern. Daneben lag in der Vorstadt auch das Wohnquartier arabischer Arbeiter (nach *Macro* a.a.O., S. 34 und 46). Gemeinsames Merkmal aller Vorstadtquartiere war die Bauweise ihrer Gebäude, die von jener in der Innenstadt deutlich abwich[56].

Von den genannten ethnischen Gruppen hatten zweifellos die S o m a l i e r die deutlichste Bindung an die Hafenfunktion der Stadt. Es waren Seeleute, die — wie *Ritter* (1846, S. 692 f.) für Aden um 1838 berichtet — mit ihren kleinen Fahrzeugen den Warenverkehr zwischen den einander gegenüberliegenden Gestaden des Roten Meeres besorgten sowie — meist für Rechnung indischer Kaufleute — Handel trieben. *Macro* (1960, S. 46) belegt und lokalisiert auf Grund der von ihm ausgewerteten Berichte für Mocha ein Somalier-Viertel in der Vorstadt; leider nennt er nicht exakt die entsprechende Quelle, so daß die Erwähnung undatiert bleibt. Da die Somalier zu *Niebuhrs* Zeiten für den Jemen nicht erwähnt werden, schließt *Ritter* (1846, S. 876) auf ein erst junges Alter als ansässige Gruppe. Für Hodeida belegt sie *Botta* im Jahre 1837 mit gleichem Gewerbe wie in Aden (nach *Ritter* a.a.O.).

Als ortsansässige Gruppen sind in Mocha A r m e n i e r sowie Inder früh belegt. Seit *Jourdain* im Jahre 1609 die Stadt als "very populous as well of Arab as of strangers merchants and especiallie Bananes of Guzaratt, Dabull, Dieu, Chaule, Bazim, Daman and Suida as also of Ormu and Muscat with all the coast of Melinda" beschrieb (nach *Macro* 1960, S. 56), wurden Inder — meist als Banianen bezeichnet — immer wieder als Einwohner Mochas genannt. Nur wenige Jahre später erwähnte — *Macros* Zusammenstellung (a.a.O.) folgend — *Van den Broecke* die Armenier. Letztere scheinen in Mocha nicht sehr zahlreich gewesen zu sein, denn *La Roque* spricht 1709 von "some Armenians and many Jews" (*Macro* a.a.O.). Weitere Einzelheiten über sie sind nicht bekannt. Wir dürfen jedoch vermuten, daß die Armenier auch in Mocha am Kaffeehandel beteiligt waren, da aus anderen arabischen Hafenstädten jener Epoche gelegentlich Entsprechendes berichtet wird[57].

---

55 Von der Verpflichtung zum Wohnen außerhalb der eigentlichen Innenstadt scheint es Ausnahmen gegeben zu haben. *La Roque* berichtet um die Wende vom 17. zum 18. Jahrhundert von zwei Innenstadtgebäuden, die einem reichen Kaufmann aus Surat gehörten (allerdings wohnte der Eigentümer nicht darin, sondern hatte sie an Araber vermietet. — *Macro* 1960, S. 36).

56 Vergl. zur Lage der ethnischen Viertel und zur Bauweise der Häuser weiter unten den Beitrag von *Höhfeld*.

57 Auch bei der Übertragung der Sitte des Kaffee-Genusses nach Europa waren Armenier zum Teil maßgeblich beteiligt.

Die größte nichtarabische Gruppe war offenbar die der I n d e r. Zu Beginn des 17. Jahrhunderts wurde ihre Zahl auf über 3.000 geschätzt (*Macro* a.a.O., S. 56), und in der zweiten Hälfte des 18. Jahrhunderts gab es nach *Niebuhr* (1968, S. 443) "zu Mochha 6 bis 700 Baniânen, Rasbuten und andere Indianer". Auch in den übrigen Hafenstädten der Tihāmah waren sie mit zahlenmäßig beachtlichen Gruppen vertreten, und an den Handelsplätzen des Binnenlandes fehlten sie ebenfalls nicht[58]. Das von mehreren Autoren verbürgte Verbot, wonach sie ihre Frauen nicht in den Jemen nachholen durften, sowie die Notiz *Niebuhrs* (1968, S. 306), daß "die meisten von diesen Indianern (in al-Luḥayyah) arme Handwerker, oder Bediente bey ihren Glaubensgenossen" (wohl Kaufleute) seien, legen die Vermutung einer weitgehenden Sonderstellung der Gruppe nahe. Es scheint, als sei eine Ghetto-Situation für ihren — im Einzelfall nur temporären — Aufenthalt im Jemen gegeben gewesen, die einen engen Zusammenhalt innerhalb der Gruppe (Beschäftigung von Glaubensgenossen, d.h. von Landsleuten) einschloß. Die allen Mitgliedern gemeinsame Zugehörigkeit zu einer landesfremden Religionsgruppe hat ihre Sonderstellung zweifellos ganz erheblich gefördert. Ob ggf. noch eng umgrenzte Herkunftsräume hinzukamen, wäre zu überprüfen.

Das in den Quellen belegte Berufsspektrum der Inder war eng. Sie waren vor allem Kaufleute und Handwerker[59], und die offensichtlich große Gruppe der Kaufleute unter ihnen setzte sich im wesentlichen aus Importkaufleuten zusammen, die die Versorgung des Landes mit Waren, die aus oder über Indien kamen, in der Hand hatten. *Gavin* (1975, S. 18) charakterisiert die damalige Situation zusammenfassend wie folgt: "Der Importhandel . . . wurde mit indischem Kapital betrieben. . . . Der Verkauf indischer Textilien wurde von Indien finanziert und betrieben. Die Imāme des Jemen waren von den Abgaben auf diese indischen Importe stark abhängig und erhielten gelegentlich zusätzliche Zahlungen von den Herrschern der indischen Häfen, wie z.B. vom Nawab von Surat. Auf den Märkten verkauften indische Kaufleute ihre Waren mit bis zu sechs Monaten Kredit, und mit dem Anwachsen der Kaffeeproduktion verteilten sich indische Großhandelsagenten über die jemenitischen Städte und boten ihre Waren zum Verkauf an. Um das 18. Jahrhundert wurden die

---

58 *Niebuhr* (1968, S. 319) berichtete 1763 beispielsweise über Bayt al-Faqīh: "Hier wohnen auch, so wie in allen großen Städten in Jemen, viele Heiden aus Indien, und zwar meistentheils von Diu. Diese können ihren Gottesdienst öffentlich halten; aber sie dürfen ihre Todten nicht verbrennen, man erlaubt ihnen auch nicht ihre Weiber mit nach Jemen zu bringen, sie gehen daher gerne wieder nach ihrem Vaterlande zurück, wenn sie sich einiges Vermögen erworben haben. In dieser Stadt waren jezt über 120 solcher Baniânen und Rasbûts, und unter denselben nicht nur reiche Kaufleute, sondern auch viele brave Handwerker."

59 *Van den Broecke* (Anfang des 17. Jahrhunderts) über Mocha: ". . . more than 3000 Banians, who are merchants, silversmiths, money changers and artisans . . ." (nach *Macro* 1960, S. 56). *Niebuhr* (1968, S. 443) im Jahre 1763 über Mochas Banianen, ". . . die theils Handlung treiben, theils von verschiedenen Handwerken und geringern Handtierungen leben."

jemenitischen Märkte vom indischen Kredit beherrscht, — eine Dimension, die jedoch gemildert wurde durch die Kontrolle, die jemenitische Beamte über die allgemeine Aktivität der Kaufleute ausüben konnten." Für die Importe aus Indien war Mocha zwar nicht der einzige, infolge seiner topographischen Lage aber wohl der wichtigste Umschlagplatz. Der Handel jedoch fand — ähnlich wie beim Kaffee — auf den Märkten des Binnenlandes statt. Einer davon war wiederum Bayt al-Faqīh, von wo *Cruttenden* Anfang des 19. Jahrhunderts berichtet: "Hierher und nach Zebid brachte man . . . die Stückgüter aus Indien zur Zahlung, vorzüglich blaue und weiße Zeuge, englische Shawls, Specereien von Java, Zucker von Mauritius, wofür man Wachs, Weihrauch und Kaffee oder Geld zahlen ließ. Banianen waren die größten Kaufleute am Orte und sehr zahlreich . . ." (*Ritter* 1846, S. 882).

Neben dem Importgeschäft hatten die Inder noch eine weitere wichtige Funktion im Rahmen des über Mocha laufenden Warenumschlags inne: Banianen waren als beauftragte Geschäftsagenten der europäischen Handelskompanien — insbesondere für die Engländer — tätig. Wie u.a. aus *Dickinsons* Tagebuchaufzeichnungen (*Boxhall* a.a.O.) hervorgeht, besorgten sie vor allem während der Abwesenheit der europäischen Handelsagenten die Geschäfte. Sie kauften in Bayt al-Faqīh Kaffee auf und lagerten ihn zur weiteren Verschiffung im nachfolgenden Jahr in der Faktorei ein. Auch im lokalen kleinen Kaffeemarkt Mochas sind sie als Aufkäufer belegt. Unklar ist, ob die Aufgabe als Kaffee-Agenten der Europäer nebenberuflich von indischen Importkaufleuten wahrgenommen wurde oder ob es sich um hauptberuflich tätige Banianen handelte.

Als weitere nichtarabische Einwohnergruppe Mochas müssen schließlich die J u d e n erwähnt werden. Leider liegen über sie kaum substantielle Notizen vor, so daß wir weitgehend auf Vermutungen angewiesen sind, die sich auf die Kenntnis der Gesamtentwicklung der Gruppe im Jemen stützen. Nach *Niebuhr* (1968, S. 443) lebten 1763 nur "einige" Juden in der Stadt, während es um 1833 400 jüdische Familien in Mocha gegeben haben soll, unter denen auch "reiche Händler" waren (*Brauer* 1934, S. 43). Unter der Voraussetzung, daß die Schätzungen beider Autoren einen realen Gehalt besitzen, könnte man somit ein zahlenmäßiges Anwachsen der Gruppe annehmen. Das würde sich in den von *Brauer* (a.a.O., S. 261 f.) skizzierten sozio-ökonomischen Wandel der gesamten Volksgruppe im Jemen einfügen. Die Juden sollen danach bis etwa zur ersten Hälfte des 19. Jahrhunderts vorzugsweise Handwerker und allenfalls Kleinhändler gewesen, dann aber — um die Mitte des vergangenen Jahrhunderts — verstärkt im Handel tätig geworden sein, wobei ein Teil zu ausgesprochenen Großhändlern avancierte und sich in den Warenexport und -import des Landes maßgeblich einschaltete. Als solche waren sie nachweisbar auch im Kaffee-Exportgeschäft tätig. Es läßt sich also die These aufstellen, daß der vermutete Zuwachs der jüdischen Bevölkerungsgruppe in Mocha mit dem skizzierten Wechsel des überwiegenden Tätigkeitsbereichs im Zusammenhang stand: Jüdische Handwerker stellten zunächst in Mocha nur eine relativ kleine Gruppe, und erst nach dem jüdischen Engagement im Großhandel kam es dann zu einer verstärkten Wohnsitznahme am Ort des Warenumschlags. Ob sich die skizzierte These halten läßt, können allerdings erst weitere Detailuntersuchungen erweisen.

Insgesamt gesehen erscheint Mocha im 17. und 18. Jahrhundert als eine Stadt, deren sozial-ökonomische Struktur stark von ihrer dominierenden Bedeutung als Warenumschlagplatz geprägt war, deren darüberhinausgehende städtisch-zentralörtliche Funktionen aber nur schwach entwickelt und – gemessen an der Größe der Stadt – unterrepräsentiert waren. Damit war die wirtschaftliche Basis des städtischen Lebens in Mocha außerordentlich labil und existentiell auf ein ungestörtes Funktionieren des Warenumschlags angewiesen. Von nur vorübergehenden Unterbrechungen abgesehen – deren Folgen allerdings sofort spürbar wurden[60] – war die Voraussetzung im 17. und 18. Jahrhundert offenbar gegeben, so daß sich die Stadt allen Reisenden jener Epoche als prosperierende Hafenstadt darbot. Grundlegende Änderungen (mit entsprechenden Folgen im Siedlungsbild) traten erst im Verlauf des 19. Jahrhunderts ein.

2. ADEN UND MOCHA ALS KONKURRIERENDE HAFENSTÄDTE

Im 13. Jahrhundert sollen in Aden rd. 80.000 Menschen gelebt haben. Die Portugiesen schätzten 1513 die Bevölkerungszahl der Stadt auf etwa 35.000 Personen, und 1835 gab es dort angeblich weniger als 1.000 Einwohner; die Engländer zählten 1839, im Jahr ihrer Einnahme Adens, 1239 Bürger (*von Wissmann* 1941, S. 462; *Gavin* 1975, S. 20 und 48). Bei aller Unsicherheit der Schätzungen dokumentieren die Zahlen doch eindrucksvoll den Niedergang einer einst blühenden Hafenstadt auf das Niveau eines kümmerlichen Dorfes. Das überlieferte Aussehen der Stadt entsprach dem. Hatte Aden angeblich einst 360 Moscheen besessen, so waren es 1839 nur noch zwei. Deutliche Spuren des Verfalls zeigten sich bereits im frühen 17. Jahrhundert. Hundert Jahre später war die einstige städtische Siedlungsfläche um die Hälfte geschrumpft; Schutt- und Ruinenfelder breiteten sich zunehmend aus. Zu Anfang des 19. Jahrhunderts gab es schließlich nur noch etwa 60 halbverfallene Steinhütten (*Gavin* a.a.O., S. 15 und 20; *Leidlmair* 1966, S. 41). Als der britische Kapitän Haines 1839 in Aden einzog, fand er hinter der seeseitigen Mauer nur "Ruinenwälle auf Ruinenwälle, zwischen denen zwei Moscheen standen, baufällig, aber intakt, und eine Zahl weiterer zerstörter oder halbzerstörter Gebäude. Sogar der Sultanspalast war in einem so schlechten Zustand, daß er kurz nach der Besetzung zusammenzufallen begann . . . . So trug Aden 1839 das Aussehen eines temporären Lagers zwischen den Ruinen alter Größe" (*Gavin* a.a.O., S. 48 f.).

60 "The natives (of Mocha) were very civil and courteous, to the English especially, 'till the year 1687, when the war commenc'd between the English and the Mogul; which was so severe among the poor Moor merchants and such a disturbance and loss to the innocent Indians that traded hither that it has quite . . . destroy'd the traffick of this port and driven the trade to several other parts (ports ?) in this sea. This war has since occasion'd the utter ruin of several Indian, Turkey, and Arabian merchants" (*Ovington* 1696; in *Forster* 1967, S. 175).

Die Gründe für den Niedergang der einst so bedeutenden südarabischen Hafenstadt waren vielfältig. Ein mehrfacher Wechsel der territorialen Zugehörigkeit — aus der jeweils meist mehr Hemmnisse des Handels als eine Förderung resultierten — sowie kriegerische Wirren sind dabei ebenso zu erwähnen wie eine allgemeine Unsicherheit im Hinterland der Stadt und zeitweise überhöhte Abgabenforderungen der lokalen Behörden. Die mit Abstand wichtigste Ursache war jedoch der generelle Verfall des traditionellen interregionalen Transithandels im südwestarabischen Raum, an dem Aden einen vorrangigen Anteil gehabt hatte (vergl. dazu u.a. *Heyd* 1879 I, S. 41 und 417 ff.). Den dadurch bedingten Funktionsverlust durch eine Übernahme des etwa gleichzeitig aufkommenden Kaffeehandels wenigstens teilweise zu kompensieren, gelang zunächst nicht oder nicht in ausreichendem Maße. Kaffeehandel und Kaffee-Export erfolgten im wesentlichen über andere Häfen[61]. Einer davon war Mocha, und es ist bezeichnend, daß dem Niedergang Adens der Aufstieg Mochas nahezu parallel verlief[62].

Es gab natürlich immer wieder Bestrebungen, die Kaffee-Ausfuhr des Jemen — oder Teile davon — über Aden zu leiten, doch von unbedeutenden Ausnahmen abgesehen[27] waren sie erfolglos. Aden konnte trotz seiner wesentlich besseren Hafenverhältnisse bis ins 19. Jahrhundert mit den Ausfuhrhäfen Mocha, Hodeida und al-Luḥayyah sowie mit dem Haupthandelsplatz Bayt al-Faqīh nicht ernsthaft konkurrieren. Dafür gab es eine Reihe von Gründen (teilweise nach *Gavin* a.a.O., S. 20):

— Aden lag von den Kaffee-Produktionsgebieten wesentlich weiter entfernt als Bayt al-Faqīh und die Ausfuhrhäfen am Roten Meer.
— Kaffee war — zumindest im Vergleich zu den Waren des einstigen interregionalen Transitverkehrs durch Arabien (z.B. Gewürze) — ein Massengut. Weite Landwege durch diverse Stammesgebiete bedeuteten den Anfall erheblicher Transitabgaben im Karawanenverkehr, d.h. eine Erhöhung des Transportkostenanteils der Ware. Ein Massengut verträgt jedoch einen hohen Transportkostenanteil weit weniger als ein hochwertiges Produkt ohne Massengutcharakter (wie z.B. Gewürze).
— Der wichtigste Exportweg des Kaffees führte über das Rote Meer via Djidda nach Norden; die Ausfuhr über Aden wäre dafür ein Umweg gewesen.
— Mocha, Hodeida und Bayt al-Faqīh lagen näher zu den administrativen Zentren des Jemens, d.h. die Kontrollmöglichkeiten — z.B. auch über eine korrekte Abführung der Zolleinnahmen — waren günstiger.

61 Im 15. Jahrhundert (1459) soll Aden allerdings der erklärte Mittelpunkt des arabischen Kaffeehandels gewesen sein (*Ratzka-Ernst* 1912, S. 61). Das wäre vor dem Aufstieg Mochas (vergl. Fußn. 62) gewesen.
62 "1513 fand Alfonso Albuquerque Mokha noch als bescheidenen Ort vor, schon 1610 hatte es sich aber zum wichtigsten Hafenplatz für den Handel mit Abessinien entwickelt .... Kaffee war damals neben anderen Spezialitäten des Yemen der Hauptausfuhrartikel .... Noch Niebuhr hat die Stadt 1763 in voller Blüte gesehen" (*Grohmann* 1936, S. 632).

— Während der entscheidenden Epoche der Ausbreitung des Kaffee-Genusses im Orient lagen die Häfen am Roten Meer inmitten des osmanischen Einflußbereichs, an einer osmanisch kontrollierten Meeresstraße. Aden dagegen lag peripher in jenem Wirtschaftsraum.

— Eine ebenfalls periphere und damit potentiell unsichere Lage hatte Aden im Rahmen des Imām-Staates inne. 1730 wurde die Stadt unabhängig. Die Regierung des Jemen hatte naturgemäß kein Interesse daran, ihren wichtigsten Exportartikel außerhalb ihrer Grenzen verschiffen zu lassen.

Es ist verständlich, daß unter den gegebenen Umständen Englands Motive für die Annektion Adens zunächst nicht primär durch Handelsinteressen bestimmt waren (vergl. *Leidlmair* a.a.O., S. 41). Dazu bestand schon deshalb kein Anlaß, weil englische Kaufleute bereits über Mocha am südwestarabischen Handel teilnahmen. Doch nachdem die Briten 1839 Aden eingenommen hatten, war ihre Interessenlage sofort eine andere. Nun galt es, die völlig bedeutungslos gewordene Stadt wirtschaftlich wieder zu beleben und dazu den Handel sowie den Warenumschlag anderer südwestarabischer Häfen und Marktorte nach Aden zu lenken. Aden wurde damit zum potentiellen Konkurrenten der bisherigen Warenumschlagsplätze am Roten Meer und der Handelsplätze im jemenitischen Binnenland, insbesondere zum Konkurrenten Mochas.

Das Verhalten der Engländer war konsequent. Kapitän Haines — von 1839 bis 1854 Vertreter der englisch-indischen Verwaltung in der Stadt — suchte schon sehr bald nach der Eroberung Adens nach Wegen, den Export des wichtigsten jemenitischen Produkts (Kaffee) dorthin umzulenken. In seinen arabischen Beraterstab nahm er u.a. Männer aus Mocha auf; mindestens einer davon war vordem im Kaffeehandel Mochas tätig gewesen. Immer wieder bat Haines außerdem die englisch-indische Regierung um eine Seeblockade des Hafens von Mocha. "In Bezug auf Kapital und Handelstalente suchte er mit allen Mitteln, Mocha auszuhungern und eine allgemeine Atmosphäre der Unsicherheit im (dortigen) Hafen zu erzeugen" (*Gavin* 1975, S. 46 u. 54).

Auch die "Gegenseite" war nicht untätig! Interessenvertreter Mochas schürten in den vierziger Jahren des 19. Jahrhunderts die Unsicherheit im Hinterland Adens und zettelten lokale Unruhen an, um den Warenverkehr zu stören. Sie suchten ferner zu verhindern, daß Kaffeemakler ihren Sitz von Mocha nach Aden verlegten, und schickten sogar Agenten nach Aden, um dort ankernde amerikanische Schiffe nach Mocha umzuleiten (*Gavin* a.a.O., S. 54).

Der Erfolg im Ringen um den Kaffee-Export schien sich zunächst Mocha zuzuneigen. Zwar strömte in den ersten drei Jahren nach der britischen Besetzung eine große Zahl von Immigranten aus Mocha, Somaliland, Indien und dem nahen Umland nach Aden[63], doch die Zuwanderer mißtrauten offenbar noch der weiteren Entwicklung. Sie ließen sich nur in temporären,

---

63 1839 besaß Aden 1.289 Bürger; 1842 zählte man bereits 16.454 Einwohner ohne das militärische Personal von 3.484 Personen (*Gavin* 1975, S. 48).

provisorischen Siedlungen nieder und scheuten größere Investitionen; es bedurfte finanzieller Subventionen durch die Briten, um wenigstens den Bau dauerhafter Gebäude zu erreichen. Erst 1845 entstanden einzelne feste Lagerhäuser und Geschäfte indischer Kaufleute. Auch ein im Jahre 1839 zunächst einsetzender erheblicher Warenstrom nach Aden (u.a. Kaffee) erwies sich als vorübergehende, singuläre Erscheinung; es handelte sich lediglich um die normalen, wenig umfangreichen Importe, die durch die vorangegangenen kriegerischen Wirren im Zusammenhang mit der britischen Besetzung der Stadt "aufgestaut" waren[64] (*Gavin* a.a.O., S. 49 u. 51).

So waren alle Anstrengungen der Briten, den Handel und den Warenumschlag in Aden auf Kosten Mochas zu beleben, vorerst vergeblich. "Mocha war in den 1840er Jahren relativ blühend, obwohl im Grunde weniger aktiv als im 18. Jahrhundert" (*Gavin* a.a.O.). Die Banianen Mochas, um deren Übersiedlung sich die Engländer bemühten, wollten den traditionellen Warenumschlagplatz am Roten Meer zunächst nicht verlassen. Bei Störungen des Exports durch äußere Einflüsse zogen sie sogar die Rückkehr nach Indien einer Geschäftsverlegung nach Aden vor. Bis zum Jahre 1850 war Aden als Handels- und Warenumschlagplatz nicht attraktiv, da weder die Zölle noch die anderen Abgaben ermäßigt worden waren; für Lieferungen, die aus dem Hinterland der Stadt kamen, erhöhten sie sich sogar auf etwa das Doppelte durch zusätzliche Forderungen der lokalen Machthaber (*Gavin* a.a.O., S. 54 f.). Die Position Mochas als traditioneller Kaffee-Ausfuhrhafen schien also — zumindest durch Aden — wenig gefährdet zu sein.

Das änderte sich grundlegend, als die britisch-indische Verwaltung im Jahre 1850 in Aden einen Freihafen schuf. Die Maßnahme führte, wie *Gavin* (a.a.O., S. 54) schreibt, sofort französische und amerikanische Händler in die Stadt. Sie lenkte auch einen Teil des jemenitischen Kaffee-Exports — vor allem den aus den südlichen Anbaugebieten um Taiz[65] — dorthin, während die Produktion der nördlichen Landesteile vorerst noch über Hodeida nach Djidda, Ägypten und dem übrigen nördlichen Orient ausgeführt wurde[66]. Mocha schied in wenigen Jahren als bedeutender Warenumschlagplatz und Kaffeehafen aus, überwiegend zugunsten von Aden.

Auf den ersten Blick erscheint die Entwicklung wenig verständlich. Die Errichtung eines Freihafens schaffte ja vor allem für den Transithandel Standortvorteile und begünstigte einseitig die ausländischen Aufkäufer. Für die Produzenten, resp. die anliefernden Zwischenhändler, änderten sich dagegen die oben skizzierten generellen Standortnachteile Adens — soweit sie

64 Selbst diese normalen Warenimporte waren ungewöhnlich hoch, da der Scheich eines lokalen Kaffee-Produktionsgebietes Auseinandersetzungen mit den ägyptischen Behörden in Mocha hatte und die Lieferungen aus seinem Einflußbereich vorübergehend nach Aden umdirigierte (*Gavin* a.a.O., S. 51).

65 Im Jahre 1870 gelangten von dort über 6.000 Kamellasten Kaffee nach Aden (*Gavin* a.a.O., S. 119); 1875/76 sollen es etwa 7.000 Kamelladungen gewesen sein (*Semmler* 1886, S. 232). Der Warenwert des 1870 über Land nach Aden gelieferten Kaffees wird von *Gavin* (a.a.O.) mit rd. 160.000 £ angegeben; das sei nahezu ein Drittel des landseitigen Imports der Stadt gewesen.

66 Der verkehrsbedingten Zuordnung der Kaffee-Anbaugebiete zu den beiden Häfen entsprachen in etwa auch die damaligen Einzugsbereiche für den allgemeinen Güterumschlag des Jemens (*Manzoni* 1884, S. 351).

aus der Lage der Stadt zu den Produktionsgebieten resultierten – nicht. Sie mußten nach wie vor die größere Distanz nach Aden überwinden und die damit gegebene erhöhte Transportkostenbelastung (incl. diverser Transitabgaben) in Kauf nehmen. Verständlich wird die Umorientierung der Kaffeeausfuhr nach Aden daher nur vor dem Hintergrund einer veränderten Situation auf dem Welt-Kaffeemarkt. Der Produktionsanteil des Jemen war mittlerweile auf ein Minimum gesunken (vergl. Abb. 1); aus den europäischen Kolonien in Übersee drängten zunehmend größere Quantitäten auf den Markt. Damit war der ausländische Aufkäufer nicht mehr um nahezu jeden Preis, d.h. unter allen Umständen, auf jemenitischen Kaffee angewiesen. Das stärkte die Position des Abnehmers und schwächte jene des Anbieters; letzterer mußte sich weit mehr als vordem auf den ausländischen Exporteur einstellen, ersterer konnte den Standort seines Handelsunternehmens in relativ freier Entscheidung kostengünstig und ohne größere Rücksicht auf den Produzenten – bzw. den Anbieter – wählen. Für den Exporteur aber bot der Warenumschlagplatz Mocha – im Vergleich zu Aden – erhebliche Nachteile: Neben den Exportzöllen, die in Bayt al-Faqīh (wo die Ware übernommen wurde) sowie in Mocha entrichtet werden mußten, war ein nicht unerhebliches Ankergeld für jedes auf der Reede liegende Schiff zu zahlen (*Niebuhr* 1968, S. 444 f.)[67]. Ferner fielen die Kosten des Karawanentransports von Bayt al-Faqīh nach Mocha dem Exporteur unmittelbar zur Last, und schließlich bedingten die ungünstigen Hafenverhältnisse (Beladen des auf der Reede ankernden Schiffes von Booten aus) weitere erhebliche Kosten.

Unter derartigen Umständen erstaunt es nicht, daß neben ausländischen Aufkäufern zunehmend auch in Mocha ansässige Händler und Agenten nach Aden übersiedelten. Unter ihnen waren die im Import- und Exporthandel tätigen Großkaufleute aus nichtislamischen Gruppen, vor allem Inder und Juden[68, 69]. Sie brachten das "know how" des Kaffeehandels mit.

Hatte die Errichtung eines Freihafens die Umorientierung des Kaffee-Exports auf Aden eingeleitet, so wurde die Entwicklung in der zweiten Hälfte des 19. Jahrhunderts durch die Eröffnung des Suez-Kanals (1869) und den allgemeinen Übergang zur Dampfschiffahrt vollendet. Aden wurde zum bevorzugten überregionalen Dampfschiffhafen und zum "einzige(n) Verschiffungshafen des arabischen Kaffee's, (der) eine regelmäßige directe Dampferverbindung mit Europa" besaß (*Semmler* 1886, S. 233). Nordamerikanische, englische und französische Handelshäuser unterhielten Agenturen in der Stadt, "um arabischen Kaffee an den Erzeugungsquellen aufkaufen zu können" (*Semmler* a.a.O.). Die Exporte gingen zum größten

---

67 Nach *Jardin* (1895, S. 67) war der hohe Ankerzoll in Mocha ein wesentlicher Grund für das Fernbleiben großer Schiffe in den vierziger Jahren des 19. Jahrhunderts.

68 ". . . Mocha, das in der Zeit vor der Okkupation Adens durch England noch eine große Judengemeinde hatte, deren Mitglieder zum größten Teil nach Aden übersiedelten, hat keine Juden mehr" (*Brauer* 1934, S. 262). Die Zahl der Juden in Aden stieg von 250 im Jahre 1835 auf 1.450 im Jahre 1872 (*Brauer* a.a.O., S. 64, Anm. 1). Für die Zeit um 1920 belegt *Brauer* (a.a.O., S. 262) den Kaffee-Export durch jüdische Großhändler über Aden. *Gavin* (a.a.O., S. 131) berichtet, daß die einst in allen größeren Städten des Jemens als Importkaufleute ansässigen Banianen bis zur Mitte der fünfziger Jahre des 19. Jahrhunderts abgewandert waren. Lediglich drei von ihnen seien 1855 noch in Sana'a gewesen; zwei davon hätten aber 1856 das Land verlassen.

69 Nach einem Bericht *Malcolmsons* aus dem Jahre 1845 sind auch Kaufleute aus Djidda und anderen Häfen am Roten Meer nach Aden übergesiedelt (*Ritter* 1846, S. 701).

Teil nach Marseille und nach London. Auch Hodeida war nun nur noch eine Zwischenstation der Kaffee-Ausfuhr über Aden; die Zulieferung erfolgte mit Küstenschiffen. "Um die 1880er Jahre spielte es keine Rolle (mehr), welcher Hafen jemenitischen Kaffee exportierte, der Löwenanteil fand zur endgültigen Verschiffung doch seinen Weg nach Aden" (*Gavin* 1975, S. 186)[70].

3. DER BEDEUTUNGSSCHWUND MOCHAS ALS WARENUMSCHLAGPLATZ UND SEINE SIEDLUNGSGEOGRAPHISCHEN FOLGEN

Gemessen an der Höhe der Zolleinnahmen erschien Mocha noch in den zwanziger Jahren des 19. Jahrhunderts als ein wichtiger Warenumschlagplatz im Jemen. *Andree* (1872, S. 145) beziffert für die Zeit um 1820 die Einnahmen des Zollhauses am Ort auf jährlich über 350.000 Taler. Bei einem durchschnittlichen Zollsatz von 10% des Warenwerts — was eher zu hoch als zu niedrig angesetzt sein dürfte — entspricht das einem umgeschlagenen Warenwert von über 3,5 Mill. Talern[71]. Nur ein halbes Jahrhundert später — um 1870 — betrug der Wert der gesamten über Mocha laufenden Ausfuhren weniger als 150.000 Taler (*Andree* a.a.O.). Normalerweise war das Ausfuhrvolumen größer als das der Importe, doch selbst wenn wir das Importvolumen in gleicher Höhe ansetzen, wäre der Wert des Warenumschlags nach überschlägiger Rechnung im Verlauf von nur fünfzig Jahren um rd. 92% gesunken. Der einst so berühmte Hafenplatz Mocha war also in vergleichsweise kurzer Zeit zur Bedeutungslosigkeit herabgesunken[72].

Der Niedergang Mochas ist in erster Linie zwar auf den Wiederaufstieg des britisch gewordenen Adens zurückzuführen, doch wurde die Entwicklung durch politische Wirren im Jemen sowie durch die erneute osmanische Besetzung der Tihāmah ab 1835[73,74] beschleunigt. Daß die damaligen desolaten internen Verhältnisse des Landes allein vermutlich nicht ausgereicht

---

70 Gemessen am Warenwert bezog Aden im Jahre 1909 43,4% seines Kaffees über Hodeida. 18,4% kamen im Karawanenverkehr aus dem südlichen Jemen unmittelbar in die Stadt (in der Statistik etwas mißverständlich als Mocha-Kaffee bezeichnet), 38,2% waren Transitware anderer Produktionsgebiete (nach *Grohmann* 1933, S. 87).

71 Darin waren sowohl Importe als auch Exporte enthalten, den größten Anteil dürften nach allgemeiner Kenntnis die Kaffee-Ausfuhren gehabt haben.

72 Vergl. dazu auch den damit korrespondierenden Rückgang der Einwohnerzahl Mochas (Tab. 1).

73 Durch sie wurde u.a. Mocha vorübergehend von seinem Hinterland und den Kaffeemärkten isoliert, als sich die Stadt 1836 in der Gewalt türkischer Truppen, das Umland dagegen in den Händen lokaler jemenitischer Machthaber befand (*Ritter* 1846, S. 748 f.). *Cruttenden* und seine Begleiter versuchten 1836 von Mocha aus auf der sog. Südroute (Tarik el Jemen) über Taiz nach Sana'a zu gelangen. Wegen interner Zwistigkeiten lokaler Scheichs war das unmöglich: die Route sei schon seit elf Jahren "völlig geschlossen" gewesen (*Ritter* a.a.O., S. 748). Auf dieser Route hätten u.a. auch die Kaffeelieferungen aus dem bedeutenden Produktionsgebiet des Ǧabal Sabir bei Taiz erfolgen müssen.

74 Die osmanische Verwaltung beeinträchtigte — offensichtlich im Zusammenhang mit dem Versuch des ägyptischen Vizekönigs, das bereits oben erwähnte Kaffeemonopol durchzu-

hätten, den Warenumschlag endgültig von der Stadt abzuleiten, zeigen ältere, ähnlich schwerwiegende Wirren, die letztlich ohne dauernde negative Folgen blieben[75]. Außerdem hatte auch Aden unter britischer Herrschaft noch lange mit derartigen Schwierigkeiten in seinem Hinterland und mit entsprechenden Behinderungen der Kaffeeanlieferung zu ringen. Bezeichnenderweise berichtet *Botta* (nach *Ritter* 1846, S. 778 f.) im Jahre 1843 zwar bereits von einem beachtlichen Verfall des Baubestandes von Mocha; "dennoch, aller Rivalitäten von Hodeida, Lohaia, Aden ungeachtet, sei Mocha doch immer noch das Hauptemporium in Jemen für Kaffee-Exporten und Einfuhr indischer Waaren geblieben".

Die in ihrer Wertung vermutlich zu weit gehende Aussage *Bottas* belegt – ähnlich wie der von *Jardin* wiedergegebene Bericht *Bazoches*[76] –, daß Anfang der vierziger Jahre Kaffee-Ausfuhr und Warenimport in Mocha noch eine gewisse Rolle spielten. Rund zehn Jahre später – um 1855 – hatte sich der Güterumschlag des Landes aber endgültig auf Aden (und Hodeida) verlagert. "By the mid-1850s Mocha lay silent and dead, a town of the past which had lost its trade, its merchants, its donkeymen and casual labourers to Aden" (*Gavin* 1975, S. 132).

Bei der sehr einseitig auf den Warenumschlag ausgerichteten Wirtschaftsstruktur der Stadt bedeutete dessen Verlagerung den Entzug der wesentlichen wirtschaftlichen Basis für Mocha. Die Folge war ein ganz erheblicher Bevölkerungsverlust (Tabelle 1) sowie – damit im Zusammenhang stehend – ein offenbar sehr schnell einsetzender Verfall des Baubestandes. "Das einst so berühmte Mokka (Mochcha)," notierte *Andree* bereits 1872 (S. 145), "ist in Verfall gerathen, seit nach 1839 Aden durch die Engländer in Aufnahme kam, und hat seitdem von seiner damals 15.000 Seelen betragenden Einwohnerschaft volle drei Viertel verloren."

---

setzen – den Handel in Bayt al-Faqīh. Nach *Ritter* (a.a.O., S. 749 f. und 882), der sich auf *Cruttenden* beruft, litt "die Zufuhr der Kaffeeballen aus dem Inneren Jemens dahin .... durch diese tyrannische und drückende Last türkischer Zollerhebungen." Einer der am Ort ansässigen indischen Großkaufleute, denen die türkische Verwaltung "sehr schwere Taxen" auferlegt hatte, "klagte dem Engländer mit Thränen im Auge, daß ihnen ihr Profit hier weit mehr geschmälert sei als unter englischer Herrschaft in Indien. Alle Kaffeekarawanen, die von Sanaa hindurch nach Hodeida zogen, hatten sehr starken Zoll zu geben, und eben deshalb speculierten die Kaufleute in Sanaa darauf ihre Handelsroute nach Aden abzuienken." Das war drei Jahre vor der endgültigen britischen Besetzung Adens.

75 So war Mocha Anfang des 19. Jahrhunderts ebenfalls von seinem Umland isoliert. Ein zu den Wahhabiten übergetretener Scheich hatte dem Imām die gesamte Tihāmah entrissen; nur Mocha war nicht in seinen Besitz gekommen. Die Wahhabiten versuchten, al-Luḥayyah "zum Haupthafen ihrer Ausfuhr zu machen, und fingen Unterhandlungen mit der britisch-ostindischen Compagnie an, sie einladend, in Loheia eine englische Factorei zu begründen, wie die, welche sie in Mocha zu jener Zeit besaßen" (*Ritter* a.a.O., S. 885 f.).

76 Danach legten 1841/42 in Mocha nur noch Küstenschiffe im Transitverkehr zwischen den Häfen des Roten Meeres an und luden bei solchen Gelegenheiten Kaffee (*Jardin* 1895, S. 67).

Tabelle 1:

Die Einwohnerzahlen Mochas 1824 – 1901 (Schätzungen) (nach *Grohmann* 1936, S. 631)

Jahr	Einwohnerzahl
1824	20.000
1878/79	5.000 – 8.000
1882	1.500
1901	400

In der vorliegenden Literatur wird gelegentlich die Meinung vertreten, das Wüstfallen eines erheblichen Teils von Mocha sei das Ergebnis einmaliger Elementarereignisse oder das Resultat von Kriegsfolgen. Dabei wird vor allem auf die Beschießung der Stadt während des italienisch-türkischen Krieges im Jahre 1912[77] oder auf das Erdbeben des Jahres 1896 verwiesen. Auch an die Cholera-Epidemien von 1856 und 1905 wäre zu denken. Doch derartige Deutungen sind nicht haltbar.Einmal war von den genannten Ereignissen nicht nur Mocha betroffen, sondern auch andere jemenitische Hafenstädte, die sich jeweils wieder sehr schnell erholten, und zum anderen belegen die Quellen schon vorher erhebliche Wüstungserscheinungen in der Stadt. Es kann kein Zweifel bestehen: Erdbeben und Beschießung trafen eine Stadt, die ihrer eigentlichen wirtschaftlichen Funktion bereits beraubt und von ihren Bewohnern schon weitgehend verlassen worden war.

Selbstverständlich hat es, wie *Macro* (1960, S. 37) vermutet, wohl immer einige zerstörte Gebäude in Mocha gegeben. Das entspricht einer Erfahrung, wie man sie auch heute noch in allen jemenitischen Städten machen kann. Doch solche Ruinen einzelner Häuser waren im 17. und 18. Jahrhundert letzlich immer nur temporäre Erscheinungen, die jeweils recht bald wieder durch Neubauten ersetzt wurden. Bis zum Beginn des 19. Jahrhunderts berichten alle Quellen von einem prinzipiell intakten Baubestand, was den Verfall einzelner Befestigungsanlagen usw. nicht ausschließt. Von offensichtlich wirklich gravierenden Verfallserscheinungen in Mocha hören wir erstmals durch *Botta* 1843 (vergl. dazu oben). 1878 weilte *Manzoni* in der Stadt. Er berichtete (1884, S. 350) ebenso wie *Schweiger-Lerchenfeld* (1881, S. 26) aus einer im Niedergang begriffenen Siedlung[78]. Nur rd. ein Jahrzehnt später — im Jahre 1890 — beschrieb *Harris* dann bereits das Bild einer Wüstung: ". . . Although the walls of the houses are still standing the roofs and floors have for the most part fallen in and Mokha is today little more than a vast ruin from which a few tall minarets still rise to tell of its former beauties. . . . Where once the streets were filled with richly robed merchants, goats feed today on the coarse weeds" (nach *Macro* 1960, S. 37). Das war sechs Jahre vor dem genannten

---

77 "Mocha did not die of old age; it was killed by Italian guns during the war with the Turks in 1911" (*De Monfreid* 1934, nach *Macro* 1960, S. 34). Das Jahr der Beschießung ist im Zitat falsch angegeben.

78 "Im Inneren überwiegen . . . der Schmutz und der Trümmersturz, die allgemeine Verwahrlosung und die Dürftigkeit" (*Schweiger-Lerchenfeld* a.a.O.).

Erdbeben und 22 Jahre vor der Beschießung der Stadt im italienisch-türkischen Krieg.

Insgesamt erscheinen der endgültige wirtschaftliche Niedergang Mochas und das daraus resultierende weitgehende partielle Wüstfallen der Stadt als ein erstaunlich schnell abgelaufener Prozeß. Seine Dauer ist auf nur fünfzig, maximal sechzig Jahre anzusetzen. Am Beginn standen eine Beeinträchtigung des Warenumschlags — insbesondere der Kaffee-Ausfuhr — durch politische und kriegerische Wirren sowie administrative Hemmnisse in den dreißiger und vierziger Jahren des 19. Jahrhunderts. Rückblickend müssen wir dies als eine jener wirtschaftlichen Rezessionsphasen werten, wie sie die Stadt schon vorher gelegentlich erlebt hatte. Und vermutlich hätte sich auch dieses Mal wieder eine wirtschaftliche Aufschwungsphase angeschlossen, wäre nicht durch den Aufstieg Adens eine völlig neue Situation entstanden. Die dortige Errichtung eines Freihafens, die Schwerpunktverlagerungen und strukturellen Veränderungen der Hochseeschiffahrt führten — begünstigt durch eine mittlerweile gewandelte Situation in der Welt-Kaffeeproduktion — zu einer irreversiblen Umorientierung des Warenumschlags in Südwestarabien. Mocha wurde als überregionaler Hafenplatz bedeutungslos; andere wesentliche Funktionen, die der Stadt ein Weiterbestehen erlaubt hätten, gab es nicht. Der überwiegende Teil der Bewohner verließ den Ort, und der Baubestand verfiel bis auf relativ geringe Reste in wenigen Jahrzehnten. Mocha sank auf das Niveau jenes bescheidenen, lokalen Küstenplatzes herab, als der er sich *Deutsch* während seines Jemen-Aufenthalts in den Jahren 1911/12 darbot: "Am südlichsten Ende der Küste liegt Moḫâ, welche Stadt jedoch heute nahezu ganz verlassen ist und wo nur einige Fischerhütten und die Ruinen prachtvoller Bauten, die aus der Glanzzeit stammen, vorhanden sind... Von 8000 Häusern, unter denen sich mehrere herrliche Paläste befanden, stehen heute noch etwa 10 bis 12, die von den Beamten der Regierung als Amts- oder Wohngebäude benützt werden. Die restlichen bilden einen trostlosen Trümmerhaufen. Außer dem Sûḳ (Basar), wo noch einige kleine arabische Kaufleute einen bescheidenen Zwischenhandel nach Ta'izz betreiben, haben die reichen Araber die Stadt verlassen, so daß ihr vollständiger Untergang besiegelt und unaufhaltbar ist. ... Kein Dampfer läuft mehr Moḫâ an; bloß ein paar Sambûḳs kommen mehrmals des Monats von el-Hodejda oder der gegenüberliegenden Küste und bringen die Post und Waren für die Stadt Ta'izz, die von hier aus am leichtesten zu erreichen ist" (*Deutsch* 1918, S. 13 f.). Mit der heutigen Situation Mochas, wie sie *Höhfeld* im folgenden Abschnitt beschreibt, hat diese Schilderung noch immer viel Ähnlichkeit.

IV. DIE GEGENWÄRTIGE SITUATION MOCHAS ALS KLEINSTADT

Mocha ist heute eine unbedeutende Kleinstadt. Ihr baulicher und wirtschaftlicher Zustand ähnelt dem der meisten nordjemenitischen Hafenstädte, ausgenommen Hodeida. Im gegenwärtigen Stadtbild sind die Vorgänge und Resultate eines Entwicklungsprozesses unmittelbar sichtbar, der mindestens über ein Jahrhundert zurückreicht. Aus dem hohen Bekanntheitsgrad der Stadt im europäischen Kulturkreis resultiert zudem eine für jemenitische Städte überdurchschnittlich reichhaltige Quellenlage, die eine Bewertung vorhandener Entwicklungsspuren begünstigt und das heutige Erscheinungsbild zu interpretieren erlaubt.

1. DIE WÜSTUNG MOCHA UND IHR VERHÄLTNIS ZUR HEUTIGEN STADT

Die Vorstellung, die der gebildete Europäer heute mit dem Namen "Mocha" verbindet, ist — beeinflußt durch den Begriff des "Mokka"-Kaffees — die einer bedeutenden orientalischen Hafenstadt am Roten Meer. Und aus der Ferne bietet Mocha mit den aufstrebenden Minaretten seiner zwölf Moscheen, mit den zum Teil hochragenden Befestigungsanlagen und den Fassaden der steinernen mehrstöckigen Wohnhäuser im landesüblichen Stil dem von der See kommenden Reisenden auch heute noch ein Panorama, das diesen Erwartungen gerecht wird. Umso ernüchternder ist der Eindruck aus der Nähe. Mocha ist jetzt zum überwiegenden Teil eine Ruinenstadt (Abb. 2).

Die Mauern eingestürzter Wohnhäuser, die Minarette zerfallener Moscheen und einzelnstehende Türben ragen aus einem weitläufigen, mehr oder minder hügeligen Gelände. Die häufigen starken Stürme in der Tihāmah haben die meisten Ruinen unter Sand und Staub begraben (Photo 1). Selbst der Verlauf der ehemaligen Stadtmauer um den historischen Stadtkern ist nur noch im Luftbild teilweise erkennbar. Von den einstigen fünf Stadttoren[79] sind keinerlei Reste mehr vorhanden. Die beiden Festungstürme "Qalʿa Taiyar" im Norden und "Qalʿa Abdurab" im Süden, jeder auf einer Halbinsel an der Seeseite gelegen, sowie vier weitere Forts im Nordosten (Photo 5), die einst die Stadt schützen sollten, sind zum großen Teil ebenso verfallen wie Zollhan und Kasernen. Ein größeres älteres Wohnhaus im Ortszentrum dient heute als Verwaltungsgebäude.

---

79 "Bab el-Amudi" in Richtung auf Bayt al-Faqīh im Norden, "Bab el-Shadeli" und "Bab el-Sogair" in Richtung Mawzaʿ und Taiz im Osten und Südosten, "Bab el-Sandal" im Süden sowie "Bab el-Sahhel" an der Küste; Schreibweise der Bezeichnungen für einzelne Bauwerke erfolgt nach *Macro* 1960.

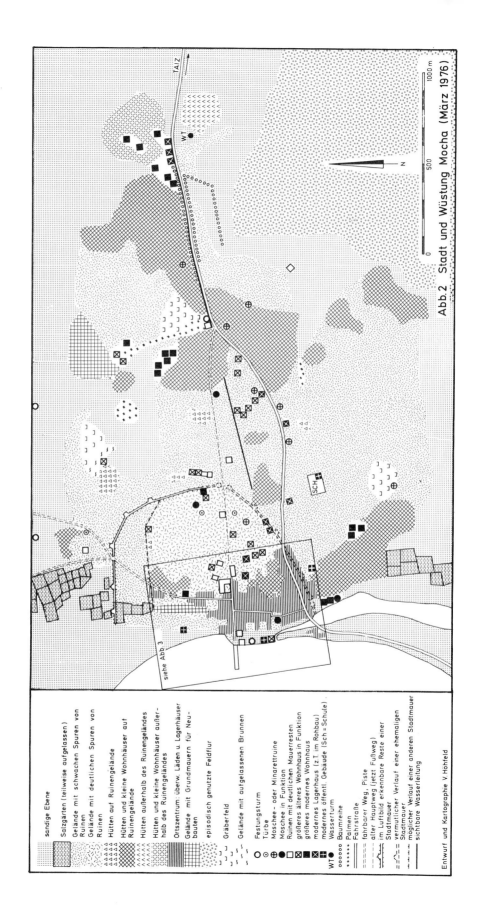

Abb. 2 Stadt und Wüstung Mocha (März 1976)

Die Siedlungsfläche der ehemaligen Stadt hebt sich meist klar gegen die Umgebung durch verschiedene Arten von Ruinenspuren ab:
1. Verlassene Wohnhäuser, Gebäude mit zum Teil eingestürzten Wänden und fehlenden Dächern sowie aufragende Mauerreste ehemaliger Bauten sind die markantesten Wüstungsspuren (Photo 4).
2. Daneben tritt grober Gebäudeschutt mit noch erkennbaren Bauelementen (Bruchsteine und gebrannte Ziegel) auf. Er bildet in der Regel ein stark hügeliges Ruinengelände (Photo 1 und 2).
3. Ein leicht buckliges Relief ohne markante Spuren ehemaliger Steinhäuser ist das am wenigsten auffällige, aber am weitesten verbreitete Relikt ehemaliger Besiedlung (Photo 3, Vordergrund).

Anhand dieser Spuren ist sowohl die Differenzierung einzelner älterer Bebauungsarten möglich als auch das gesamte Stadtgebiet einigermaßen sicher abgrenzbar (Abb. 2). Das Gelände der alten Stadt, also das einst bewohnte Areal einschließlich aller Vorstädte, das anhand der Ruinen und älterer intakter Siedlungsteile heute noch feststellbar ist, umfaßte eine Fläche von etwa 3,5 km^2 [80]. Das entspricht nahezu der Größe aller ehemals ummauerten Viertel der Hauptstadt Sana'a. Die Maximalausdehnung heutiger Ruinen ist natürlich keineswegs ein Indikator für einen Maximalstand der früheren Besiedlung der Stadt. Mit dem Alternieren der Siedlungsflächen wurden zeitweise sicherlich auch vorher unbebaute Areale mit Häusern besetzt, während ehemals bewohnte Teile siedlungsfrei blieben. So summierte sich möglicherweise durch den dauernden Wechsel von Siedlungsneuanlage und Auflassen anderer Wohnplätze erst im Laufe der Entwicklung das weitflächige Ruinengelände zu seiner heutigen Ausdehnung.

Mochas Stadtkern (d.h. die innerhalb der Mauern gelegene Innenstadt) nahm davon nur ungefähr 20% ein, war also im Verhältnis zur gesamten Siedlung relativ klein (Abb. 2). Im Gegensatz zu den umliegenden Vorstadtsiedlungen standen hier — vermutlich dichter als heute — mehrstöckige Stein- und Lehmhäuser. Das geht aus allen Berichten hervor, die über die Bebauung Mochas vorliegen (*Macro* 1960). Hier befanden sich vor allem die europäischen Faktoreien und die aufwendig gestalteten Wohnhäuser vermögender Kaufleute. In deutlicher räumlicher Konzentration waren die Lagerhäuser an einer hafen- und damit küstenparallelen Straße aufgereiht. Sie boten von der Seeseite her eine auffällige "Skyline". In enger Nachbarschaft dazu befanden sich die Faktoreien der europäischen Handelsgesellschaften, das Amtsgebäude des Dawla[81] (Gouverneurspalast) mit einem größeren Komplex von Stallungen, eine Zollstelle (am Seetor), eine Karawanserei und eine Moschee. Nach Osten hin folgten an der West-Ost-Achse in einiger Entfernung das eigentliche Zollgebäude[82] und kasernenartige Unterkünfte für das Militär (*Macro* 1960, S. 35—46).

---

80 Die Berechnung der jeweils ausgewiesenen Flächen erfolgte anhand der Kartierungsergebnisse in Verbindung mit Luftbildern.
81 Für den Titel "dawla" siehe den Artikel "Dawla" von *F. Rosenthal* in der Encyclopaedia of Islam 1965.
82 Zollhan = ein großer Bau mit Innenhof und mit der einzigen offiziellen Waage.

Nur hier, im ehemaligen Zentrum der Stadt, läßt sich heute ein stark hügeliges Relief mit grobem Bauschutt feststellen[83], ein eindeutiger Hinweis auf eine einst dichte Bebauung mit hohen Stein- und Lehmhäusern (Abb. 2).

Trotz des starken Verfalls der Stadt und der lückenhaften alten Bausubstanz verfügt Mocha über ein solches Eigengewicht des historischen Kerns, daß die Altstadt, wenn auch nur partiell, heute immer noch das Zentrum des Ortes bildet. Die meisten alten Häuser wohlhabender Kaufleute sind zwar zerstört oder stehen verlassen (Photo 4), doch in dem weniger verfallenen Zentrum um das heutige Geschäftsviertel oder in seiner unmittelbaren Nachbarschaft gibt es immer noch 37 solch alter bewohnter hoher Stadthäuser; elf weitere befinden sich außerhalb der ehemaligen Mauern. Selbst in ihrem zur Zeit überwiegend desolaten Zustand dokumentieren solche Häuser durch ihre Größe und die Reste kunstvoller Fassadenverzierungen den Wohlstand ihrer einstigen Besitzer. Die gut erhaltenen unter ihnen sind in Baustil und Gestaltung den traditionellen Stadthäusern anderer Tihāmahstädte vergleichbar.

Gegenüber dem alten Stadtkern zeigen alle übrigen früheren Siedlungsflächen deutlich schwächere Anzeichen ehemaliger Bebauung, und sie sind wesentlich weniger reliefiert (Abb. 2). Hierbei handelt es sich um die früheren Vorstädte Mochas. Deren gemeinsames Merkmal war die Bauweise ihrer Häuser. Sie stand in deutlichem Gegensatz zu jener der Innenstadt mit ihren mehrstöckigen Lehm- und Steinbauten. Nach übereinstimmenden Beschreibungen zeitgenössischer Berichte, die *Macro* (1960, S. 34 ff.) zusammengestellt hat, handelte es sich bei der Mehrzahl der Behausungen um stroh- und grasbedeckte Flechtwerkhütten, die innen mit Matten verkleidet und außen gegebenenfalls mit Lehm beworfen waren. Sie entsprachen – was die Autoren ebenfalls betonten – dem im Tihāmahtiefland verbreiteten Typ ländlicher Wohnstätten, der dort auch heute noch allgemein üblich ist (Photo 7).

Die jetzige Siedlung setzt sich aus mehreren unterschiedlich großen Siedlungszellen zusammen, die – bis auf das Ortszentrum – überwiegend aus solch einfachen Behausungen bestehen. Sie liegen weit gestreut auf den Ruinenhügeln oder sind an sie angegliedert. An einigen Stellen greifen sie zwar auf den ehemaligen, heute wüstgefallenen Innenstadtbereich über, erstrecken sich aber zum größten Teil auch jetzt noch auf den Flächen der früheren Vorstädte, allerdings mit einer veränderten Akzentuierung: *Revett* (1609) schätzte, das Mocha damals aus etwa 6.000 Häusern bestand; drei Viertel davon seien derartige Hütten gewesen (*Macro* 1960, S. 34 f.). Wenn man davon ausgeht, daß die Häuser der Innenstadt hohe Lehm- und Steinbauten gewesen sind – was die Wüstungskartierung ja zu bestätigen scheint –, so wäre damals die Zahl der Wohnstätten in den Vorstadtbereichen bedeutend größer gewesen als jene im ummauerten Stadtzentrum. Dieses Verhältnis gilt heute nicht mehr.

---

83 Lediglich bei 11% (0,37 km²) des ganzen Ruinenbereichs (3,33 km²).

Das frühere Armenierviertel nördlich des "Bab el-Amudi"[84] und das Judenviertel südöstlich des "Bab el-Shadeli"[85] sind bezeichnenderweise nur noch zu einem geringen Teil besiedelt. Auf den Ruinen des Somalierviertels, südlich des "Bab el-Sandal"[86], besteht dagegen ein verhältnismäßig großer Bereich mit bewohnten Hütten und kleinen Häusern. Allerdings ist auch deren Anzahl, gemessen am Umfang der dortigen Wüstungsspuren, gegenüber früher geringer. Die ehemaligen Siedlungsareale der einheimischen Arbeiter, Handwerker und Kleinbauern, die in direktem Anschluß östlich an die Innenstadt gelegen haben sollen, sind zur Zeit überwiegend unbewohnt. Das momentan größte Vorstadtgebiet mit intakten Wohnhütten, Lehmhäusern und sogar einigen modernen steinernen Bauten befindet sich etwa einen Kilometer östlich des Zentrums beiderseits der Straße nach Taiz (Abb. 2). Es besitzt eine Moschee, einen Friedhof und eine eigene Wasserversorgung (s.u.). In diesem Bereich lagen möglicherweise früher das Viertel der Inder und das der Sklaven (*Macro* 1960, S. 46). Nur an einer Stelle hat sich Mocha um ein bescheidenes, etwa 0,2 km² großes Areal über das Ruinengelände hinaus entwickelt. Es handelt sich um ein locker bebautes Wohngebiet an der Straße nach Taiz (Abb. 2).

Insgesamt erreicht die heutige Siedlungsfläche der Stadt nur einen geringen Prozentsatz ihrer maximalen früheren Ausdehnung. Sie ist etwa mit einem Drittel des jemals mit Wohnstätten bestandenen Gebietes[87] anzusetzen. Nur auf einem Viertel des Ruinengeländes (ohne Geschäftsviertel) stehen jetzt noch oder wieder Hütten und Häuser oben beschriebener Art. Bezeichnend ist, daß von dem rund 1 km² großen Komplex einfacher Hüttensiedlungen lediglich 4% auf die Altstadt entfallen: Auch heute wohnen Angehörige niederer sozialer Schichten in Vorstädten und in Behausungen, die dem Klima der Tihāmah angepaßt sind.

Bisher erfolgte die Abgrenzung der alten Innenstadtbereiche anhand des noch erkennbaren Mauerrings sowie der innerhalb dieses Areals so markanten Ruinenspuren. Die auf diese Weise vollzogene Zuordnung muß jedoch modifiziert werden. Mehrere Fakten sprechen deutlich für einen ehemals anderen Verlauf der Nordmauer und damit für eine einst geringere Ausdehnung der Innenstadt (vergl. dazu Abb. 2):

1. Die Altstadt innerhalb der Mauerrelikte besteht nicht völlig, sondern nur zu 80% aus Ruinengelände mit Resten großer Häuser. Im nördlichen Innenstadtbereich werden die Wüstungsspuren auf breiter Front abrupt spärlicher und das Gelände weniger hügelig. Diese markante Grenze deutet auf einen Wechsel innerhalb der früheren Bebauung hin. Südlich dieser Linie müssen demnach die typischen mehrstöckigen Stadthäuser gestanden haben, im Norden dagegen eher eine Hüttensiedlung oder zumindest kleinere Gebäude.

---

84 Bei einem Gräberfeld, möglicherweise dem ehemaligen Europäerfriedhof.
85 Reste einer Synagoge konnten nicht lokalisiert werden.
86 Ebenfalls mit den Relikten eines Friedhofs.
87 Gesamtfläche der alten und neuen Stadt mit Geschäften, Wohnvierteln und Ruinengelände.

2. Salzgärten, die nach allen Berichten nördlich außerhalb der Innenstadt gelegen haben sollen (*Macro* 1960, S. 47), reichen heute über die ehemalige Mauer hinweg nach Süden in den Innenstadtbereich hinein — bis zu den Ruinenhügeln mit grobem Schuttmaterial (Abb. 2).
3. Größere Faktoreien lagen in der Nordwestecke der ummauerten Stadt (*Macro* 1960, S. 39 ff.). Aber gerade dort findet man heute keine markanten Ruinenspuren, sondern ein wenig südlicher.
4. Die aufwendige Moschee des Scheich "Shadeli" und seine Türbe (*Macro* 1960, S. 33 und S. 45) sollen sich innerhalb der Mauern in der nordöstlichen Ecke der Stadt befunden haben. Legt man den sichtbaren Mauerverlauf zugrunde, so steht die einzige gut erhaltene Moschee, die heute noch genutzt wird und auf die diese Beschreibung zutreffen könnte (Photo 6), etwas nördlich der alten Hauptachse vom "Bab el-Shadeli" (!) zur steinernen Mole, also eher in der östlichen Stadtmitte.

Reduziert man den nördlichen Innenstadtbereich bis zum Nordrand der groben Schuttmassen, so liegen nicht nur die Moschee und die Türbe, sondern auch die Faktoreien und Salzgärten in Positionen, die den zeitgenössischen Beschreibungen entsprechen. Man kann also mit einiger Sicherheit für einen wahrscheinlich früheren Zeitpunkt eine weit geringere Innenstadtfläche annehmen, als es der heutige Mauerverlauf andeutet. Er ist möglicherweise also erst einer späteren Stadtkernerweiterung zuzuordnen (Abb. 2).

Die heutige Altstadtstruktur und der kreuzartige Verlauf der beiden Hauptachsen zwischen den Haupttoren und der Steinmole lassen den Schluß zu, daß sich hier ein älteres Straßennetz durchpaust (Abb. 2). Es gibt jedoch Indizien, die für einen zeitweise anderen Verlauf der West-Ost-Achse sprechen. So wird berichtet (*Macro* 1960, S. 37 ff., S. 43 ff. und S. 55 f.), daß sich die meisten öffentlichen Gebäude der alten Stadt um einen großen Platz nahe dem Seetor bei einer hölzernen Anlegestelle gruppierten (s.o.). Rezente Ruinenreste größerer Gebäude an der Küste deuten darauf hin, daß sich dieser Komplex südlich der jetzt überfluteten Steinmole befand (Abb. 2 und Abb. 3). Folgen wir den Berichten, so stand der Gouverneurspalast aber nördlich der hölzernen Anlegestelle (*Macro* 1960, S. 43). Das würde bedeuten:
1. Die Position der Steinmole stimmt nicht mit dem Standort der älteren Holzmole überein. Der noch in Resten erhaltene Befestigungsturm an der Seeseite (Seetor?) spricht ebenfalls für eine früher südlichere Lage der letzteren.
2. Die Ost-West-Achse vom "Bab el-Shadeli" zum Seetor muß demnach mehr nach Südwesten ausgerichtet gewesen sein.

Eine solche "Berichtigung" des ehemaligen innerstädtischen Gefüges ist sicherlich statthaft, wenn man einen mehrfachen Wechsel von Zerfalls- und Aufbauphasen, von wirtschaftlichem Niedergang und Blüte unterstellt. Damit würde sich nicht nur das heute als Lkw-Abstellplatz genutzte ruinenfreie Gelände an der Küste als alter Stadtplatz erklären lassen, sondern auch die Ruinen des früheren Gouverneurspalastes, der Hafenzollstelle und der Karawanserei würden damit in einer einleuchtenden Position liegen. Sicherlich wurde das jetzt noch durchscheinende ältere Straßennetz erst später auf die steinerne Mole (angelegt etwa 1785; *Macro* 1960, S. 55) ausgerichtet; möglicherweise geschah das erst Anfang des 19. Jahrhunderts, als Mochas Befestigungen durch Sultan Hassan verbessert wurden (*Macro* 1960, S. 61). Es ist anzunehmen, daß gleichzeitig mit diesem Ausbau eine Erweiterung der nördlichen Stadtmauer erfolgte und damit ein Teil der Armeniervorstadt in den städtischen Kernbereich einbezogen wurde.

2. MOCHAS BEDEUTUNG ALS REGIONALES KLEINZENTRUM

Obwohl Mocha seine frühere Bedeutung als Umschlagplatz verloren hat, wurde der Ort bisher vor dem endgültigen Verfall bewahrt, weil sich Relikte von Verwaltung, Handel und Warenumschlag in der Stadt erhalten haben. Diese Funktionen dokumentieren sich in öffentlichen Gebäuden, einem Geschäftsteil und einem Hafen und reichen sicherlich schon über Jahrhunderte zurück. Sie sind letztlich auf die ehemalige Bedeutung des Ortes als wichtiger Hafen zurückzuführen.

Die Aufwertung der Stadt zum Verwaltungszentrum dürfte schon relativ früh nach ihrem Aufstieg zum Kaffeehafen anzusetzen sein, wahrscheinlich schon während der ersten türkischen Besatzungszeit im Jemen (16. Jahrhundert). Seit dem 17. Jahrhundert wird Mocha in allen Berichten als Hauptort einer flächenmäßig relativ großen administrativen Einheit bezeichnet. Nach den jeweils vorhandenen Behörden[88] und nach der Stellung bzw. dem Titel des dort residierenden Hauptverwaltungsbeamten[89] zu urteilen, hatte der Ort immer den Status einer orientalischen Kreisstadt[90]. Allerdings diente die Verwaltung zu allen Zeiten wohl mehr der Stadt selbst als dem Umland. Mocha hatte, im Gegensatz zu den jemenitischen Binnenstädten, zu wenig agrarisch nutzbares Umland mit einer dementsprechend niedrigen Bevölkerungszahl, um einen notwendigen und auch effektiven Verwaltungsstandort zu bieten. Selbst während der Blüte des Exporthafens Mocha war die Verwaltung in der Stadt wohl eher Dokumentation der staatlichen Präsenz und des staatlichen Anspruchs auf das sie umgebende Land und auf die Steuern[91].

Auch heute noch ist der Ort mit seinen etwa 2.000 Einwohnern (1976 geschätzt) als Kreiszentrum für die drei Nawāhī (Ämter) Mocha, Muqbanah und Mawzaᶜ mit

---

88 Landratsamt, Finanzbehörde, Steuerbehörde, Eichamt (zur Überprüfung der Maße und Gewichte), Gericht, Gefängnis, Zollamt, Hafenverwaltung (1894 acht Beamte) (vergl. dazu *Niebuhr* 1969, S. 206 ff. und Yemen Salnamesi von 1298, 1304/06, 1308, 1311 und 1313).

89 Im 18. Jahrhundert der "Dola" als höchster Verwaltungsbeamter im "Amt" (= Kreis) (vergl. *Niebuhr* 1968); im 19. Jahrhundert der Kaymakam unter den Türken; im 20. Jahrhundert der ᶜAmil.

90 Im Sinne von *Höhfeld* 1977.

91 Vergl. dazu auch den Beitrag von *Becker* in Kap. III.

insgesamt 204 Dörfern und 45 Streusiedlungen kaum von Bedeutung. Die Gesamtbevölkerungszahl des Kreises betrug 1976 nach amtlicher Statistik nur 107.849 Einwohner (Statistical Year Book 1976, S. 23 und S. 39). Für ein Areal, das vom Bab el-Mandeb im Süden bis al-Ḥawḫah im Norden und vom östlichen Gebirgsanstieg bis zum Meer reicht, ist das selbst für eine Tihāmahregion eine recht geringe Bevölkerung.

Die Entwicklung eines in erster Linie auf die Bedürfnisse der Stadtbewohner ausgerichteten Markt-, Geschäfts- und Gewerbeviertels dürfte wahrscheinlich ebenfalls schon in der Frühphase der Stadtgenese eingesetzt haben, da mit dem Aufstieg Mochas zur Hafenstadt auch die Zahl der Bewohner im Ort sicherlich schnell zugenommen hatte. Gleichzeitig erwuchs aber keine nennenswerte Beziehung zum Umland. Ein relativ sicheres Zeichen dafür ist, daß Mocha bis heute keinen Wochenmarkt besitzt und auch frühere Berichte einen solchen nicht erwähnen.

Immerhin ist heute ein Geschäftsviertel vorhanden, wenn auch in bescheidenem Umfang. Dieser wirtschaftliche Mittelpunkt (Sūq) der Stadt liegt nahe dem alten Hafen innerhalb der ehemaligen Stadtmauern (Abb. 2 und Abb. 3). Ihn umgibt das Ruinengelände, das fleckenhaft mit unterschiedlich großen Komplexen einfacher Haus- und Hüttensiedlungen durchsetzt ist. Im Sūq und an dessen unmittelbarer östlicher Peripherie stehen noch zahlreiche ältere hohe Stadthäuser. Im Norden und Süden schließen sich Salzgärten an. Ein freies Gelände – von den Resten ehemaliger großer Gebäude begrenzt (s.o.) – dient als Lkw-Abstellplatz und trennt den Sūq vom Meer. Hier ist das frühere Stadtzentrum zu suchen, an das sich vermutlich auch damals ein Geschäftsviertel angeschlossen haben dürfte.

Der Sūq bildet ein regelmäßig bebautes L-förmiges Areal von etwa 0,13 km² Ausdehnung östlich der Hauptmoschee (Abb. 2 und Abb. 3). Seine Hauptachse und gleichzeitig südliche Grenze ist die Ausfallstraße nach Taiz. Nach Norden setzt sich der Sūq in mehreren küstenparallelen Nebenstraßen bis zur alten Mittelachse der Stadt fort. An dieser zum Teil von Sand verschütteten Ost-West-Verbindung liegen unter anderem die Ruinen der früher wichtigsten Gebäude der Stadt: die alte Zollstelle, das Haus des Dawla, der Zollhan und Kasernen. Nördlich dieser Linie folgen noch einige jüngere Geschäfts- und Lagerhäuser sowie vereinzelt freistehende "Backöfen" innerhalb der Ruinenhügel.

In der Regel bestimmen heute nur noch ein- und zweistöckige Stein- und Betonflachbauten mit Geschäften, Büros und Lagerräumen sowie einfache Bretterbuden das Bild des Sūqs. Es handelt sich dabei um die überall im Orient üblichen einfachen Verkaufsboxen. Wie viele Geschäftsviertel in jemenitischen Kleinstädten bietet auch das von Mocha kein sehr belebtes Bild. Von insgesamt 502 im Sūqbereich und dessen Umgebung kartierten Boxen waren zur Zeit der Aufnahme 401 geschlossen, also 80%. Stichproben ergaben, daß ein Teil nicht als Laden, sondern als Lager genutzt wird, vor allem in den peripheren Abschnitten des Sūqs. Lediglich an der Hauptstraße waren die meisten Läden und Stände geöffnet, einige auch in den Nebenstraßen. Der Handel mit Qāt erfolgte, wie es fast überall im Jemen üblich ist, erst am späten Vormittag. Dann stellte sich um einige Verkaufsbuden am südwestlichen Stadtausgang zum neuen Hafen ein reges Treiben ein, und der gesamte Sūq belebte sich etwas.

Das Angebot in den Läden beschränkt sich auf ein einfaches Sortiment: Gemischtwaren, Getränke, Obst, Gemüse, Brot und Haushaltswaren. Die Artikel einer Fahrzeugersatzteil-Handlung und einer Apotheke bilden eine Ausnahme. Ein Umschlag von Kaffee, der über den Rahmen des normalen Haushaltsbedarf hinausging, konnte nirgends festgestellt werden. Die Angaben von Händlern und Exporteuren in Hodeida, daß Kaffeehandel und -umschlag in Mocha heute völlig bedeutungslos seien, fanden darin ihre Bestätigung.

Großhandlungen gibt es überwiegend für Getreide, Baustoffe und Dünger (Photo 8). Obwohl zur Unterbringung dieser Waren Räumlichkeiten in älteren Gebäuden so reichlich vorhanden sind, daß deren Kapazität nicht einmal ausgenutzt werden kann, findet man darüber hinaus zahlreiche Neubauten, die zum großen Teil leerstehen. Allein im Sūq und dessen Nachbarschaft ließen sich 15 neue Lagerhallen feststellen; weitere acht lagen außerhalb des Zentrums. Ausgedehnte Flächen mit Grundmauern für weitere Warendepots, die häufig schon wieder von Sand überweht sind, findet man sowohl im nördlichen Stadtzentrum als auch an der Straße nach Taiz und am Rande der nord-östlichen Wohnvorstadt im Anschluß an das Ruinengelände. Sie deuten auf eine spekulative Erweiterung der Lagerkapazität hin.

Handwerk ist in der Stadt nur in geringem Maße vorhanden. Es konzentriert sich auf Reparaturwerkstätten in der Nähe der Lkw-Parkplätze. Zu manchen Zeiten lassen sich dort bis zu 50 Lastkraftwagen zählen, die zum Abtransport von Waren bereitstehen oder Güter in die Stadt geliefert haben. Hier ballt sich auch innerhalb eines kleinen Radius eine Vielzahl der im Orient üblichen Teestuben, Garküchen und einfachen Übernachtungsunterkünfte der Stadt. Die räumliche Vergesellschaftung dieser Lokale und Hotels entspricht dem in orientalischen Städten allgemein typischen Muster, und ihre Ausstattung und bauliche Ausführung ist auf den einfachen Bedarf der Besucher ausgerichtet.

3. MOCHA ALS HAFENSTADT

Obwohl sich das Tiefland der Tihāmah trotz seines schwülheißen Klimas für den Warenaustausch zwischen den Hochlandsstädten und den Häfen am Roten Meer nicht als Barriere erwiesen hatte, verfügte Mocha nie über eine wirklich bedeutende Verkehrsverbindung zum Hinterland. Vor dem Ausbau moderner Straßen sparten die Karawanenrouten zwischen den Küstenstädten und den wichtigsten Zentren des Binnenlandes diese Hafenstadt aus. Der "Tariq el-Bar"[92] verband die landeinwärts gelegenen Städte der Tihāmah untereinander. Sana'a und Hodeida waren durch den "Tariq ash-Sham" verknüpft. Der "Tariq el-Yemen", der zu allen wichtigen Hoch-

---

92 Die Schreibweise der Routennamen erfolgt hier nach *Bardey* 1899.

landsorten des zentralen und südlichen Jemen (Taiz ausgenommen) führte, hatte nach Mocha keine direkte Verbindung. Der Güteraustausch zwischen dem somit peripher gelegenen Mocha einerseits und Taiz, dem städtischen Großzentrum im Süden des Landes, andererseits erfolgte des flacheren Anstiegs wegen über Hays, also nicht auf kürzestem Wege.

Mit zunehmender Erschließung des Jemen durch befestigte Schotterstraßen wurden für den Gütertransport anstelle der traditionellen Tragtier-Karawanen immer häufiger Kraftfahrzeuge eingesetzt. In diese Periode fiel das Projekt der Société Batignol, Mocha speziell als Hafen für Taiz auszubauen. Der damals unbedeutende Ort erhielt dadurch Mitte des 20. Jahrhunderts eine bessere Verkehrsverbindung zum Hochland (Taiz) als die anderen Hafenstädte der Tihāmah, abgesehen von Hodeida (*Gerassimov* 1964). Eine vorhandene Piste wurde in den 60er Jahren von amerikanischen Firmen zur Schotterstraße befestigt. Eine nachweisliche Belebung Mochas erfolgte dadurch allerdings nicht.

Vor 20 Jahren wurde dann mit dem Bau von Asphaltstraßen im Jemen begonnen, um eine schnellere Abwicklung des Gütertransportes zu erreichen. Inzwischen bestehen solche Verbindungen unter anderem zwischen dem heute wichtigsten Hafen des Landes, Hodeida, und der Hauptstadt Sana'a sowie dem südlicheren Taiz. Mocha wurde im Rahmen solcher Ausbaupläne anfangs wenig beachtet, und eine Asphaltierung der Zufahrt von der Hauptstraße Hodeida – Taiz zu diesem Hafenort war zunächst nicht vorgesehen. Damit blieb die Stadt in einer verkehrsmäßig benachteiligten Position. Die Nähe zu Taiz hatte sich also für eine Verbesserung der Erreichbarkeit Mochas nicht als förderlich erwiesen.

Der alte Hafen von Mocha ist heute aufgelassen und seine Mole, wahrscheinlich wegen mangelhafter Fundamente, verfallen und überflutet. Nur ein Hafen- und Zollamt ist hier noch in einem kleinen Neubau stationiert. Der neue Hafen aus den 50er Jahren dieses Jahrhunderts liegt an der südlich vorgelagerten Halbinsel (s.o.). Er ist von der Stadt aus über eine asphaltierte Zufahrtsstraße erreichbar. Einige Lagerschuppen, Öltanks und eine Mole bilden die Ausstattung. Ein Hafenbecken gibt es nicht. Das Meer um die Mole ist auch hier so seicht, daß größere Schiffe wie früher auf Reede ankern müssen. Sie werden mit Hilfe kleiner Boote geleichtert. Lediglich Küstensegler und andere Schiffe mit geringem Tiefgang können anlegen.

Noch bis vor wenigen Jahren diente der Hafen von Mocha in erster Linie einer unbedeutenden Küstenfischerei. Wie wenig beachtenswert dieser Erwerbszweig in der Stadt ist, zeigen der desolate Zustand der Fischerhütten am Strand und die geringe Zahl der Boote. Bezeichnenderweise gab es zur Zeit der Kartierung kein Fischangebot im Sūq. Selbst die Fisch-Markthalle war leer.

Zusätzliche Bedeutung hat der Hafen von Mocha heute als Umschlagplatz für importiertes Schlachtvieh[93]. Dieses kommt in saisonbedingter Unregelmäßigkeit

---

93 Informationen zu folgenden Ausführungen verdanke ich den freundl. mdl. Mitt. von Herrn *Engelberger*, Deutsche Farm in Sana'a, und Frau *Kopp*, Erlangen, nach ihrer Rückkehr aus dem Jemen im Juni 1977.

zu 50 – 100 Stück je Ladung auf einfachen Lastenseglern aus Äthiopien. Noch bis vor etwa drei Jahren lagen die Schiffe südlich von Mocha auf Reede. Die Tiere mußten schwimmend den Strand erreichen. Häufig geriet dabei Salzwasser in ihre Lungen. Deshalb verendeten viele von ihnen auf dem weiteren Weg über die Küstenebene ins Landesinnere. Bei dem 25 km östlich von Mocha gelegenen Amtszentrum Mawzaᶜ, wo der eigentliche Umschlag des Viehs erfolgt, findet man innerhalb eines großen Areals unzählige Kadaver verendeter Rinder. Von Mawzaᶜ aus werden die restlichen Tiere auf Lastwagen oder im Herdentrieb weiter ins Landesinnere gebracht. Um unnötige Verluste zu vermeiden, ist man inzwischen dazu übergegangen, das Vieh unmittelbar im Hafen von Mocha zu entladen.

Ebenso wie al-Ḥawḫah hat Mocha die Funktion eines Umschlagplatzes für Schmuggelwaren. In der Hauptsache kommt Alkohol (vor allem Whisky) aus Djibouti auf kleinen Fischerbooten über den Hafen von Mocha in den Jemen. Die eigentliche Verteilerrolle der wegen des Alkoholverbots so begehrten "heißen" Ware spielt für den Süden des Landes jedoch Mafraq, ein kleiner, aus wenigen Buden bestehender Ort am Abzweig der Schotterstraße nach Mocha von der Hauptstraße Hodeida – Taiz[94].

Somit nimmt Mocha nur eine untergeordnete Mittlerrolle ein. Die eigentlichen Umschlagplätze liegen aus verkehrstechnischen Gründen weiter im Landesinnern.

4. JÜNGERE ENTWICKLUNGEN IN MOCHA

Unter dem Einfluß jüngerer Entwicklungen im Lande befindet sich auch Mocha, wie viele jemenitische Kleinstädte, in einem Übergangsstadium zwischen Tradition und Moderne. Ein typisches Beispiel voreiliger Investitionen bietet unter anderem ein erst kürzlich erstellter Neubau in Betonbauweise mit großen Glasfenstern. Er steht bisher leer. Die Fenster sind bereits wieder zerbrochen. Der freitreppenähnliche Aufgang ist von Sandanwehungen überdeckt: eine "moderne Ruine".

Nach ersten Eindrücken bemüht man sich in Mocha um die notwendigen Ausstattungen des Ortes mit Versorgungs- und Entsorgungsanlagen, die Erfolge sind aber bescheiden:

— Im Gegensatz zu den meisten anderen Städten im Jemen verfügt Mocha über eine zentrale, wenn auch einfache Wasserversorgung. Ein Wasserturm an der Ausfallstraße nach Taiz und eine davon ausgehende Hauptversorgungsleitung (Photo 5, Vordergrund) über eine Pumpe zu einem Wasserspeicher im Stadtzentrum wurden teils auf private, teils auf kooperative Initiative hin in den letzten Jahren angelegt. Mangelnde Wartung der Anlagen führte jedoch zu Betriebsstörungen.

---

94 Nach der Unabhängigkeit von Djibouti wurden Warenlieferungen aus Europa dorthin erschwert. Das galt besonders für Spirituosen. Die Folge war eine regelrechte "Alkoholschwemme" in Mocha, da umfangreiche Alkoholfrachten einiger Schiffe ersatzweise direkt über Mocha in den Jemen geschmuggelt wurden.

Die für eine Tihāmahstadt so notwendigen Wasserreserven versickern teilweise im Sand.
— Obwohl eine Generatorstation und ein Transformatorengebäude vorhanden sind, gibt es bisher keinen elektrischen Strom in der Stadt. Gebräuchliche Lichtquellen sind nach wie vor Gas- und Öllampen.
— Eine Abwasseranlage hat der Ort nicht.
— Der Telegraph stammt noch aus türkischer Zeit. Infolge der einfachen Technik der Anlagen ist er heute noch funktionsfähig.
— Zwei Schulen in Mocha haben lediglich für die Kinder der Stadtbewohner eine Bedeutung, da Einzugsbereich und Einzugspotential der beiden Lehranstalten schon wegen der geringen Bevölkerungsdichte des Umlandes und wegen der zu großen Entfernungen zu den meisten Umlandssiedlungen kaum nennenswert sind.
— Ein französischer Arzt sorgt seit kurzem für die notwendigste medizinische Betreuung[95].

"Wann wird die Straße von Mafraq bis Mocha asphaltiert?" Noch 1976 war dies die zentrale Frage vieler Bewohner Mochas an die wenigen Ausländer, die das Ruinengelände besichtigten. Da von Seiten der Behörden kein Interesse an einer Belebung des Umschlagplatzes Mocha bestand, blieb es bei der mangelhaften Verkehrserschließung der Stadt. Die spärliche Ausstattung und die geringe Kapazität des Hafens müssen ebenfalls als Indikatoren für eine bis dahin niedrige Bewertung des Ortes angesehen werden.

Als Ergebnis wird deutlich: Der dargestellte Zustand der Kleinstadt Mocha illustriert ihre bisherige Bedeutungslosigkeit. Dennoch zeichnen sich inzwischen Ansätze einer positiven Entwicklung der Hafenstadt ab. Der in Mocha nicht zu übersehende Bauboom von vor allem Lager- und Geschäftshäusern ist ein erster Hinweis. Neueste Fakten[95] machen eine Aufwertung des Ortes inzwischen wahrscheinlich:

Als wichtiger Schritt ist mittlerweile der gewünschte Ausbau der Straße nach Mocha für 1978 geplant. Nach neueren Angaben (Neuigkeiten aus Jemen 6/7. 1976, S. 18) ist die Regierung des Jemen daran interessiert, neben einer weiteren Verbesserung des Hafens von Hodeida auch den Ausbau des Hafens von Mocha zu fördern. Finanzhilfen der Weltbank und arabischer Staaten sollen für das Projekt verwendet werden. Infolge des stetig wachsenden Außenhandels, der bisher überwiegend über Hodeida abgewickelt wurde und die Kapazität des dortigen Hafens inzwischen überfordert, hat die Regierung die Notwendigkeit eines Ersatzhafens erkannt. Als Ausweichhafen zur Entlastung von Hodeida und als Umschlagplatz des Südens bietet sich Mocha wegen der kurzen Entfernung zum binnenländischen Zentrum Taiz an. Überlange Liegezeiten auf der Reede von Djidda (bis zu einem Jahr) haben einen Teil der Schiffe, die Güter für Süd-Saudi-Arabien geladen hatten, zum Ausweichen

---

95 Nach Auskünften von Frau *Kopp*, Erlangen.

nach Hodeida veranlaßt. Damit geht ein nicht geringer Warenstrom über den jemenitischen Haupthafen auf dem Landwege wieder nach Norden. Dadurch ist der Hafen von Hodeida zusätzlich überlastet. Die Wartezeiten betragen hier zum Teil ein halbes Jahr. Das Ergebnis ist eine stärkere Frequenz des Hafens von Mocha durch Schiffe mit Waren für die südlichen Regionen des Jemen. Seit ein bis zwei Jahren kommen auf diese Weise immer größere Mengen von Importartikeln[96] über Mocha in das Gebiet um Taiz. Durch diese neuen Impulse läßt sich möglicherweise die hohe Lagerkapazität in der Stadt erklären.

Die Fakten erlauben also vorsichtig positive Prognosen für die weitere Entwicklung Mochas. Möglicherweise kommt es bei einem wirtschaftlichen Aufschwung des Ortes auch zu einer erneuten Ausweitung der städtischen Siedlungsfläche. Mit einer wachsenden Stadt werden dann vielleicht auch jene ausgedehnten Ruinenfelder aus dem Stadtgebiet verschwinden, die heute noch ein charakteristisches Merkmal des Ortes bilden.

---

96 Ersatzteile für Automobile und Maschinen, landwirtschaftliche Maschinen, Kunststoff für eine Schaumgummifabrik bei Taiz, Zement für Haus- und Straßenbau, Obst, Gemüse (speziell Paprika aus Griechenland) sowie andere westliche Verbrauchs- und Luxusartikel (freundl. mdl. Mitt. von Frau *Kopp*, Erlangen).

V. DIE HEUTIGE ROLLE DES JEMENITISCHEN KAFFEES IN DER VOLKSWIRTSCHAFT DES JEMEN UND IM WELTKAFFEEHANDEL

Der Jemen lebte als staatsähnlicher Zusammenschluß relativ autonomer Stammesgebiete unter der Herrschaft der Imāme einige Jahrhunderte hindurch weitgehend autark. Im Rahmen der überwiegend auf den primären Sektor ausgerichteten Volkswirtschaft und des bescheiden dimensionierten Außenhandels kam dem Kaffee die Rolle als Hauptexportartikel zu. Bis zur Mitte unseres Jahrhunderts stellte er stets mehr als die Hälfte, in guten Jahren sogar über drei Viertel des Gesamtwertes der Ausfuhr. Erst im Laufe der letzten 20 Jahre änderte sich dies grundlegend: 1974 betrug der Anteil des Kaffees am Gesamtexportwert des Jemen noch knapp 10%. Als wesentliche Gründe für diesen Bedeutungsschwund sind zu nennen:
– Das im Vergleich zu den übrigen Weltmarktlieferanten niedrige Produktionsniveau im Jemen,
– die schlechte Exportqualität des jemenitischen Kaffees,
– Schäden an den Pflanzungen als Folge von sieben Jahren Bürgerkrieg im Land (1962–1969),
– der allmähliche Aufbau einer diversifizierten Volkswirtschaft im Jemen mit steigenden Exporterlösen auch aus anderen Produkten (siehe Abb. 4) und
– die Konkurrenz des Qāt (siehe Kapitel V. 3a.)
Alle diese Punkte sind freilich nicht unabhängig voneinander zu sehen, sondern bedingen sich teilweise gegenseitig. Sie seien im folgenden näher analysiert.

1. PRODUKTIONSBEDINGUNGEN

Obwohl der Welthandel mit Kaffee seinen Ursprung in Südarabien hatte, blieben unsere Kenntnisse über den Anbau dieses Wirtschaftsgutes dort recht lückenhaft. Die Reisenden vergangener Jahrhunderte erreichten nur selten die wirklichen Produktionszentren und gaben daher oft lediglich vage Erzählungen Einheimischer wieder. Da die Hauptanbaugebiete an den bis heute am wenigsten erschlossenen und meist nur auf Saumpfaden erreichbaren steilen Hängen und in tief eingeschnittenen Tälern der westlichen und südlichen Gebirgsabdachung des Landes liegen, setzt sich unser Wissen über den Kaffeeanbau im Jemen nach wie vor aus meist zufälligen, an wenigen Orten gewonnenen Beobachtungen zusammen. Die vorliegenden Berichte widersprechen sich häufig sogar, was daraus resultiert, daß Anbaubedingungen und -methoden, Besitzverhältnisse und Vermarktungspraktiken regional stark differieren. Eine systematische Aufnahme fehlt bisher noch immer; doch soll hier wenigstens der Versuch unternommen werden, die zur Verfügung stehenden Mosaiksteine

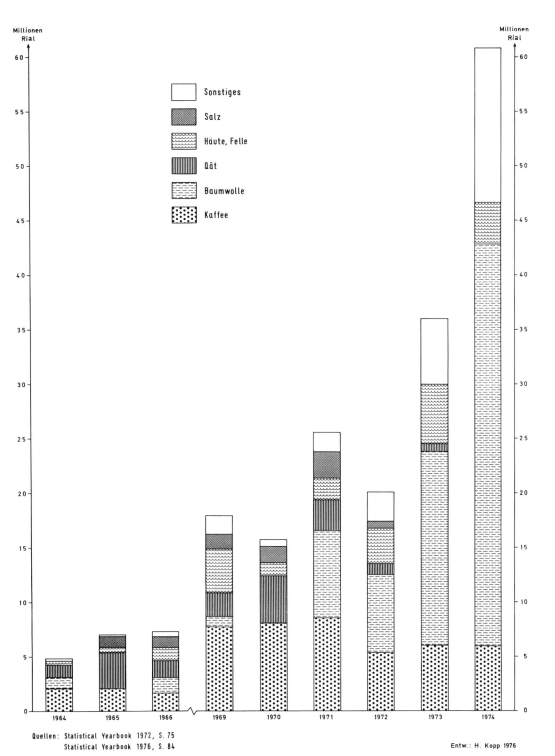

Abb. 4: Exporte der Arabischen Republik Jemen 1964-1974

zu einem den wirklichen Verhältnissen möglichst nahe kommenden Bild zusammenzusetzen. Zahlreiche eigene Erhebungen in Kaffeeanbaugebieten des Jemen sowie die Auswertung von Luftbildern können dabei helfen. In vielen Fällen sind allerdings auch wir auf Schätzungen angewiesen.

a. Anbaugebiete

Kaffee benötigt zu Wachstum und Reife ein frostfreies, ausgeglichen mildes Klima und wenigstens 1000 mm Niederschlag. So setzt im Jemen das Auftreten von Frösten oberhalb etwa 2000 m die Höhengrenze des Kaffeeanbaus. Da gerade die westlichen Gebirgshänge wegen ihrer starken erosiven Zerschneidung sehr klein gekammert sind, treten in lokalklimatisch begünstigten Lagen allerdings auch oberhalb von 2000 m noch einzelne Kaffeegärten auf. *Christiansen-Weniger* gibt die definitive Höhengrenze bei 2250 m an[97], *Cordemans* (o. J., S. 3) sogar bei 2500 m, was jedoch zu hoch gegriffen und auf die für weite Teile des Landes bisher immer noch fehlenden exakten Höhenmessungen zurückzuführen sein dürfte. Ebensowenig genau läßt sich die Untergrenze des Anbaus fassen. In der Regel ist sie gleichfalls temperaturbedingt, da etwa unterhalb von 1250 m Höhe die sommerliche Hitze so groß wird, daß es selbst unter Schattenbäumen zu Schädigungen des Laubes kommt. Vereinzelt tritt Kaffee im Jemen allerdings noch bei nur 1000 m Höhe auf.

Der jemenitische Kaffeeanbau beschränkt sich also zunächst auf die westlichen und südlichen Gebirgsräume des Landes in Höhen zwischen 1250 und 2000 m (maximal 1000–2250 m). Innerhalb dieser Höhenstufe gibt es jedoch nur ganz vereinzelt Stellen, an denen auch die Niederschläge für die Kaffeeproduktion ausreichen. Sie liegen an der relativ regenreichen Südwestecke des jemenitischen Hochlandblockes in den Gebieten zwischen ᶜUdayn, Ibb und Taiz. Überall sonst muß der Kaffee bewässert werden; *Cordemans* (o. J., S. 8) schätzt, daß 85% der gesamten Kaffeeanbaufläche des Jemen bewässert werden, was eher noch zu niedrig angesetzt sein dürfte.

Der potentielle Anbau ist also auf einzelne, ausreichend bewässerbare Areale beschränkt. Diese liegen entweder als schmale Terrassenleisten in ganzjährig bzw. zumindest häufig durchflossenen Talstrecken[98] (Photo 10) oder an Hängen von Steiltälern, Runsen, Tobeln, Talkesseln und Talstufen in der Nähe von Quellen (Photo 11). So kann Kaffee sogar in Gebieten mit weniger als 500 mm Niederschlag gedeihen.

Auch an die Luftfeuchtigkeit stellt der Kaffee gewisse Mindestansprüche, was seine mögliche Kultivierung im Jemen weiter einschränkt. Nur in bestimmten Regionen treten die erforderlichen hohen Feuchtewerte auf. Einmal sind es die wenig durchlüfteten, tief eingeschnittenen Täler, zum anderen Hangbereiche, in denen

---

97 *Christiansen-Weniger* 1959, S. 699 (bezieht sich im wesentlichen auf *Sylvain* 1955).
98 Schätzung von *Cordemans* (o. J., S. 3): 85% aller jemenitischen Kaffeeanbauflächen.

häufig Nebelbildung zu beobachten ist als Folge des Zusammentreffens feuchtheißer Tieflands- mit trocken-kühlen Hochlandsluftmassen. Die orographische Kleinkammerung spielt hierbei wieder eine entscheidende Rolle.

Setzen schon die ökologischen Verhältnisse dem Kaffeeanbau im Jemen enge Grenzen, so treten dazu noch weitere, sozio-ökonomisch bedingte Einschränkungen. In den häufig übervölkerten, überwiegend autark wirtschaftenden Stammesgebieten mußte der Brotgetreideanbau auch auf Flächen ausgedehnt werden, die Baumkulturen tragen könnten. Auf die Bedeutung der Besitzverhältnisse und Betriebsformen soll anschließend eingegangen werden.

Die in Abb. 5 dargestellten Anbauregionen zeigen deshalb ein stark generalisiertes Bild. Innerhalb dieser Areale finden wir Kaffeegärten inselhaft nur dort, wo alle angegebenen Bedingungen erfüllt sind.

b. Besitz- und Betriebsformen

Eine entscheidende Rolle für Umfang und Art des Kaffeeanbaus in den natürlichen Eignungsräumen des Jemen spielen die Besitz- und Betriebsformen. Über diesen Aspekt stehen uns leider nur sehr wenige, noch dazu unzuverlässige Untersuchungen zur Verfügung. Fast alle Berichte über den jemenitischen Kaffee klammern das Problem sogar völlig aus. Zwei FAO-Experten kommen zu konträren Aussagen: *Brown* (1970, S. 4) spricht davon, daß sich die Kaffeegärten überwiegend in Eigenbesitz und -bewirtschaftung von Stammesbauern befinden; *Cordemans* (o. J., S. 2) hingegen meint, daß es sich meist um Pachtland handele. Beide haben recht: Im Süden und in den größeren Tälern dominiert das Pachtland[99], im Norden und auf isolierten Bergstöcken das Land in Besitz und Eigenbewirtschaftung freier Bauern.

Stets aber handelt es sich um bäuerliche, vornehmlich auf Subsistenz ausgerichtete Klein- und Kleinstbetriebe, in denen die Kaffee-Erzeugung nur einen von mehreren Produktionszweigen darstellt. Reine Kaffeebetriebe oder gar plantagenähnliche Großbetriebe sind unbekannt. Dies ist wahrscheinlich darauf zurückzuführen, daß die Kaffeekultur zu einer Zeit in den Jemen eindrang, als schon eine weitgehend verfestigte und flächenhaft verbreitete kleinbäuerliche Kultur vorhanden war. Auch später konnte es wegen der gegebenen agrarsozialen Verhältnisse nie zur Ausbildung von Plantagenbetrieben kommen. Neulanderschließung zum Zwecke des Kaffeeanbaus ist aus den gleichen Gründen nahezu auszuschließen.

Die Größe der kaffeebauenden Betriebe steigt im Jemen selten über zwei Hektar, wobei die Kaffeefläche in der Regel nur 0,05 ha ausmacht[100]; damit ergibt sich ein durchschnittlicher Bestand von ca. 80 Kaffeesträuchern pro Betrieb! So sind die

---

99 Der "Großgrundbesitz" übersteigt dabei selten 100 ha, wovon ca. 5–10 ha Kaffee sind.
100 Dieser von *Cordemans* (o. J., S. 3) genannte Wert gilt für die meisten Betriebe, es gibt aber auch größere. Der Durchschnitt dürfte bei 0,1 ha Kaffeefläche pro Betrieb liegen.

Kaffeegärten jeweils nur winzige Punkte im Landnutzungsmuster, und selbst die besten natürlichen Eignungsräume weisen lediglich lückenhafte Kaffeebestände auf (Abb. 5—7, Photos 10, 11).

Bei Pachtland treten im wesentlichen zwei Typen von Pachtbedingungen auf:
— Der Grundbesitzer (mālik) trägt die Kosten für eine Neupflanzung und zahlt sämtliche Steuern. Dann behält der Pächter (šarīk), der sämtliche weiteren Produktionsmittel stellt, nur ein Viertel der Ernte.
— Beteiligt sich der Pächter zur Hälfte an den Steuern und an den Kosten für eine Neupflanzung, muß er nur die Hälfte der Ernte an den Grundbesitzer abliefern. Rodung und Neupflanzung bedürfen jedoch stets der Genehmigung des Grundbesitzers.

Pachtverträge werden in der Regel nur mündlich vor Zeugen abgeschlossen, ihre Laufzeit ist unbegrenzt. Sie können von beiden Seiten jederzeit gekündigt werden.

c. Anbaumethoden und erste Verarbeitungsstufen

Die Aufteilung des Kaffeeareals in winzige Parzellen bedeutet ein großes Hindernis für eine rationelle Produktion. Erst recht gilt dies für die primitiven Anbau- und Verarbeitungsmethoden, die sich seit Jahrhunderten kaum geändert haben[101]. Im Vergleich zu anderen Kaffeeanbaugebieten der Erde stellt die im Jemen meist notwendige Terrassierung und Bewässerung der Kaffeeparzellen bereits eine erhebliche Betriebskostenbelastung dar. Viele andere Faktoren führen zu entscheidender Ertrags- bzw. Qualitätsminderung[102]:
— Die Vermehrung erfolgt ausschließlich durch Setzlinge oder Samen aus dem eigenen Kaffeegarten. Geprüftes Saatgut oder ertragreiche Neuzüchtungen werden nicht verwendet.
— Es wird immer wieder die gleiche Parzelle im Betrieb mit Kaffee genutzt. Dies führt auf die Dauer zu erheblicher Ertragsminderung.
— Der Pflanzabstand beträgt im Normalfall 2 x 2 m, häufig aber weniger und ist damit zu gering.
— Man schneidet die Bestände inkorrekt oder überhaupt nicht aus. Dadurch werden die Sträucher zu dicht und buschig; sie tragen dann nur an ihrer Peripherie Früchte.
— Es mangelt sowohl an mineralischem als auch an tierischem Dung. Die Bestände werden deshalb kaum gedüngt. Wenn dies doch erfolgt, dann in der Regel mit falschen Düngergaben oder zur falschen Jahreszeit. Hier sei allerdings angemerkt,

---

101 Die Berichte von *Niebuhr* aus dem 18. Jahrhundert treffen heute noch weitgehend zu, auch was die Vermarktungspraktiken angeht (*Niebuhr* 1969).
102 Nach Western Arabia . . . 1946, *Schmidt* 1913, *Brown* 1970, *Cordemans* o. J. und eigenen Beobachtungen.

daß in vielen Regionen des Jemen eine Düngung nicht unbedingt notwendig ist; das nährstoffreiche Bodensubstrat (Verwitterungsmaterial vulkanischer Serien) und die Bewässerungstechnik (s.u.) tragen dazu bei, den Mineralhaushalt auf den Feldparzellen in Ordnung zu halten.
- Schattenbäume (Sykomoren, Tamarinden u.a.) fehlen entweder ganz, oder sie stehen zu dicht. Im letztgenannten Fall strebt man als zweites Produktionsziel auf der gleichen Parzelle die Holzgewinnung an (Photo 9).
- Da nicht selten Zwischenpflanzung von Getreide, Qāt, Bohnen oder Gemüse erfolgt, werden beim Pflügen die Wurzeln der Kaffeesträucher verletzt. Die Bewässerung richtet sich dann meist auch nicht nach den Erfordernissen des Kaffees, sondern nach denen der anderen Feldfrüchte (Photo 10).
- Schädlinge treten glücklicherweise selten auf; kommt dies doch einmal vor, steht man ihnen hilflos gegenüber.

Für die Bewässerung kommen zwei Typen in Frage:
- In Tälern wird die nach heftigem Regen abkommende Flutwelle (sayl) mit Hilfe kleiner Wälle (oqum) auf die Parzellen geleitet (Abb. 6, Photo 10).
- Im terrassierten Hanggelände wird zusätzliches Regenwasser mit Hilfe kleiner Gräben (sawāgī) aus umgebenden, ackerbaulich nicht genutzten Arealen auf die Parzellen geleitet (Abb. 7, Photo 11).

In beiden Fällen wird Überstaubewässerung praktiziert, so daß das vom Wasser mitgeführte Feinmaterial auf der Parzelle verbleibt; wichtige Mineralstoffe kommen deshalb alljährlich neu auf die Pflanzungen.

Das Wasserangebot kann sich jedoch nicht nach den für das Pflanzenwachstum optimalen Bedingungen richten, sondern hängt allein von Menge und zeitlicher Verteilung der Regenfälle ab. Um diesem Übel abzuhelfen, sind vielerorts Auffangbecken (Zisternen) angelegt worden, mit deren Hilfe wenigstens eine gewisse Steuerung der Wassergaben möglich ist. Pumpbewässerung wird für den Kaffeeanbau noch kaum praktiziert.

Die Hauptregenzeiten im Jemen liegen – randtropischen Verhältnissen entsprechend – im März/April bzw. zwischen Juli und September; ihr tatsächliches Eintreffen ist jedoch äußerst unsicher. So kann es entweder im Frühjahr oder erst im Sommer zum Blütenansatz kommen; die Ernte erfolgt dann im Spätherbst bzw. im Frühling des folgenden Jahres.

Viele der oben aufgezählten Faktoren führen dazu, daß der Reifegrad der Kaffeekirschen zur Erntezeit sehr unterschiedlich ausfällt. Dennoch werden meist alle zusammen geerntet, was sich selbstverständlich qualitätsmindernd auswirkt.

Nach der Ernte erfolgt die Trocknung der Kirschen in der Sonne auf dem Hausdach oder auf einer Lehmtenne; sie dauert mindestens eine Woche. Da gerade bei der Frühjahrsernte schon wieder die ersten Regen auftreten können, verderben häufig größere Mengen Kaffee durch Nässe[103].

103 *Deutsch* (1918, S. 21) schätzt ein Drittel der gesamten Ernte.

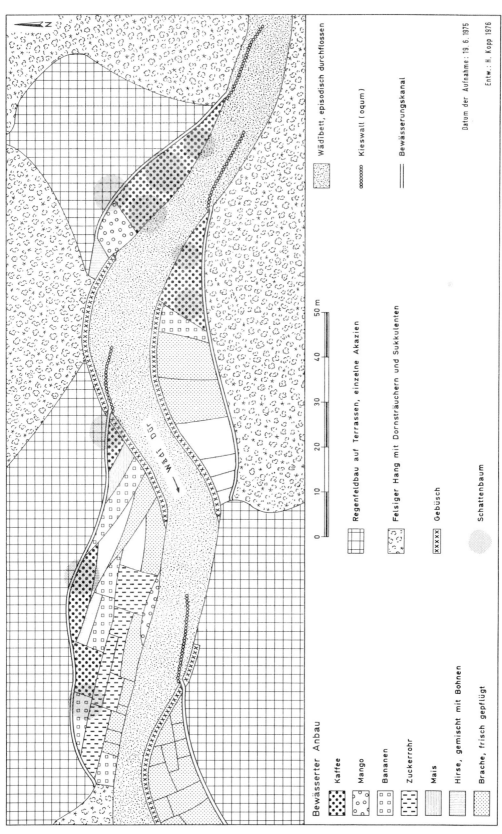

Abb. 6: Kaffeeanbau bei ʿUdayn. Typ Wādī-Bewässerung

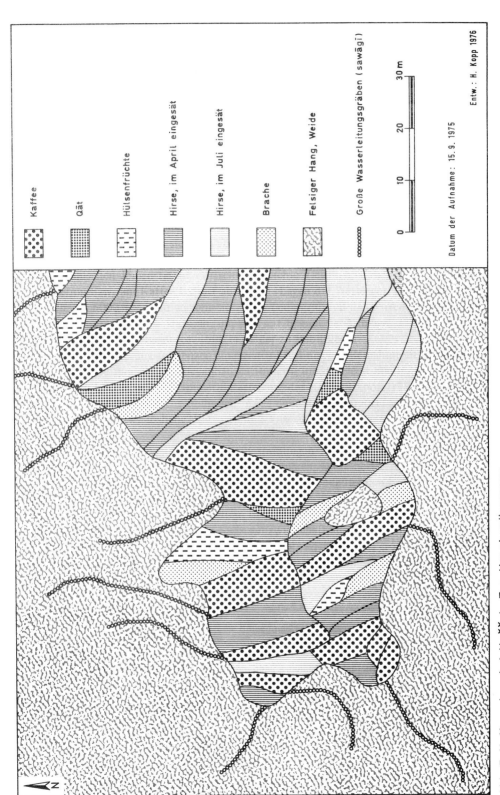

Abb. 7: Kaffeeanbau bei Ḥaǧǧah. Typ Hangbewässerung

Die Enthülsung geschieht – noch im bäuerlichen Betrieb – mit primitiven Handmühlen aus Steinen, wobei oft auch Kaffeebohnen zerbrochen werden. Ein Mann schafft in der Regel pro Tag nur 12 bis 20 kg[104]. Als Ergebnis erhält man ca. 45 Vol.-% Kaffeebohnen (bunn) und 55 Vol.-% Hülsen (qišr), die durch Worfeln getrennt werden. Beide Anteile sind üblicherweise nach diesem primitiven Aufbereitungsverfahren stark verunreinigt.

Da die Kaffeenutzfläche pro Betrieb sehr klein ist und außerdem nur niedrige Erträge erzielt werden, erscheint es verständlich, daß vom Bauern meist nur ein Ernte- und Verarbeitungsgang durchgeführt wird.

d. Kaffee und Qišr

Das Trockenverfahren bei der ersten Aufbereitung der Kaffee-Ernte wird vor allem deswegen angewendet, weil die Gewinnung der Kaffeeschalen ein wesentliches Produktionsziel darstellt. Im Jemen wird kaum der Kaffee selbst getrunken. "Nationalgetränk" ist vielmehr der "Qišr"; er wird durch längeres Aufkochen der Kaffeeschalen unter Zusatz von allerlei Gewürzen gewonnen und trägt den gleichen Namen wie die Kaffeehülsen. Diese Konsumgewohnheit hat zahlreiche Konsequenzen:

— Die Höhe der Kaffeeproduktion kann im Jemen nahezu mit den leichter faßbaren Exportmengen gleichgesetzt werden, da der Inlandsverbrauch an Kaffee verschwindend gering ist.
— Für Qišr, ein ausschließlich auf den Binnenmarkt orientiertes Produkt, gelten teilweise andere Vermarktungspraktiken als für den Kaffee. Auf sie soll jedoch im Rahmen dieser Arbeit nicht eingegangen werden.
— Der Jemen dürfte das einzige Land der Welt sein, das Kaffeeschalen importiert. Diese Importe stammen im wesentlichen aus Ostafrika und erreichten 1974 einen Wert von 3,35 Millionen Y.R. (= ca. 740 000 US-Dollar; Kaffee-Export aus dem Jemen im gleichen Jahr für 5,97 Millionen Y.R.!)[105].
— Das Produktionsziel des jemenitischen Kaffeebauern ist sowohl auf Qišr als auch auf Kaffee ausgerichtet. Da der Bauer aber über die erforderliche Qualität des Qišr besser Bescheid weiß (er trinkt ihn ja selbst täglich), verwendet er oft viel Sorgfalt auf den einwandfreien Zustand der Schalen und vernachlässigt dabei die Reinheit der Kaffeebohnen.

e. Produktionshöhe und Anbaufläche

Angesichts der geschilderten Umstände überrascht es nicht, daß die im Jemen erzielten Kaffee-Erträge zu den niedrigsten auf der Welt überhaupt gehören. Man rech-

---

104 *Christiansen-Weniger* 1959, S. 700 bzw. *Brown* 1970, S. 4.
105 Statistical Year Book 1976, S. 84 und 87.

net im Durchschnitt mit einer Ernte von 200 g Kaffee von einem produktiven Strauch[106]. *Cordemans* schätzte wohl richtig, daß ca. 40% aller Kaffeesträucher im Jemen aus den verschiedensten Gründen überhaupt nichts mehr produzieren[106]. So liegt die Kaffeeproduktion je Hektar häufig sicher unter 100 kg; nur unter günstigsten Umständen werden 700 − 800 kg/ha erreicht[107]. Der mittlere Ertrag dürfte bei 200 − 300 kg/ha liegen, d. h. ein kaffeebauender Betrieb des häufigsten Größentyps erzeugt 10 − 15 kg! Damit wird abermals die "Atomisierung" der jemenitischen Kaffeeproduktion deutlich.

Der Jemen exportierte während der letzten Jahre stets ca. 1500 t Kaffee/Jahr. Dazu kommen der geringe Inlandsverbrauch, eine gewisse Menge aus den nördlichen Anbaugebieten (Nord-Ḥawlān), die direkt nach Saudi-Arabien geschmuggelt bzw. verkauft wird, sowie einige Tonnen aus dem Raum südlich von Taiz, die direkt nach Aden gehen. So errechnet sich eine Kaffeeanbaufläche von 7000 bis 10 000 ha, in die sich etwa 100 000 Kleinbetriebe teilen[108]. Genauere Angaben sind gegenwärtig noch nicht möglich. Ebenso gibt es über die regionale Verteilung von Anbauflächen und Produktion nur sehr vage Schätzungen. Die geschilderten Produktionsbedingungen gelten im Prinzip aber für sämtliche Anbaugebiete des Jemen.

2. VERMARKTUNG

Kaffee ist unter entsprechenden Bedingungen relativ lange lagerungsfähig. Der jemenitische Bauer betrachtet deshalb seine Kaffee-Ernte als Sparbüchse für Notzeiten und verkauft nur dann, wenn er dringend Geld braucht. Durch unsachgemäße Lagerung verderben jedoch größere Mengen von Kaffee noch im bäuerlichen Betrieb oder erleiden zumindest Qualitätseinbußen.

Die bisher noch ungenügende infrastrukturelle Erschließung der Kaffeeproduktionsgebiete und die minimalen, vom einzelnen Betrieb auf den Markt gebrachten Mengen erschweren eine rationelle Vermarktung des Kaffees außerordentlich und stellen ein weiteres großes Handikap für den jemenitischen Kaffee-Export dar.

a. Wege des Kaffees vom Produzenten zur Exportfirma

Fast der gesamte im Jemen erzeugte Kaffee wird exportiert. Die geringen im *Inland* verbrauchten Mengen gelangen auf den gleichen Wegen in den Handel wie Qišr; dafür kommen im wesentlichen drei Möglichkeiten in Frage:

---

106 *Cordemans* o. J., S. 5.
107 *Brown* 1971, S. 130. Im relativ extensiven brasilianischen Anbau werden erreicht: 499 kg/ha (1969; FAO Production Yearbook 1970) bzw. 1390 kg/ha (1971; The Statesman's Year-Book 1975, S. 784).
108 Das Statistical Year Book (1976, S. 57) gibt eine Fläche von 7500 ha an, *Cordemans* (o. J., S. 6) kommt auf sichere 9750 ha. Die Zahl der Betriebe dürfte eher niedriger sein.

- Der Bauer verkauft seine Überschußproduktion selbst auf dem nächstgelegenen ländlichen Wochenmarkt (Photo 12).
- Kleinhändler aus einer Stadt der näheren Umgebung kommen ins Dorf und kaufen den Bauern Kaffee und Qišr ab. Sie können den Preis weitgehend diktieren und verkaufen die Produkte dann in ihrem festen Laden im Sūq der Stadt. Manchmal schicken sie auch einen Aufkäufer in die Dörfer, meist einen Verwandten.
- In der Stadt lebende Zwischenhändler kaufen selbst oder durch Mittelsmänner größere Partien in den Dörfern auf und verkaufen diese wieder an Einzelhändler in den größeren Verbraucherzentren (Großstädte bzw. Gebiete ohne eigenen Kaffeeanbau). Solche größeren Mengen resultieren üblicherweise aus den gesammelten Pachteinnahmen beim share-cropping-system.

An der Vermarktung des für den *Export* bestimmten Kaffees sind zahlreiche Gruppen beteiligt[109]:
- Selbständige Zwischenhändler, die entweder direkt in die Dörfer und auf die Wochenmärkte fahren oder in den Städten sitzen. Kauf und Verkauf erfolgen in der Regel gegen Barzahlung[110].
- Selbständige Großhändler in Hodeida, die ausschließlich mit Kaffee handeln, diesen teilweise reinigen und sortieren lassen und größere Posten zusammenstellen. Ihre Büros und Lagerräume befinden sich nach wie vor im Randbereich des altstädtischen Sūqs.
- Unselbständige Aufkäufer, die im Auftrag von Zwischen- und Großhändlern Produktionsgebiete bzw. regionale Märkte besuchen und gegen Lohn oder Gewinnbeteiligung arbeiten.
- Drei Export/Import-Firmen in Hodeida (55, 30 und 15 % Anteil an der Kaffee-Ausfuhr), die an der Peripherie der Altstadt sitzen und Lohnarbeiter für Aufbereitung und Sortierung beschäftigen. Sie handeln allerdings überwiegend mit Getreide, Mehl, Zucker u.a. (meist Importe).

Demzufolge sind die Wege der Vermarktung sehr verschieden und teilweise recht kompliziert; die wichtigsten seien kurz zusammengestellt (siehe auch Abb. 8):
- Größere Produzenten, d.h. meist Grundherren mit den gesammelten Pachtabgaben, fahren selbst nach Hodeida und verhandeln dort mit Großhändlern oder Exporteuren.
- Bauern verkaufen üblicherweise an Zwischenhändler. Von diesen geht der Kaffee — oft über einen weiteren Zwischenhändler in einer der größeren Städte — an Großhändler in Hodeida, seltener direkt an die Exporteure.

---

109 *Brown* 1970, S. 5 und eigene Erhebungen.
110 Auf die bäuerliche Verschuldung soll in diesem Zusammenhang nicht eingegangen werden.

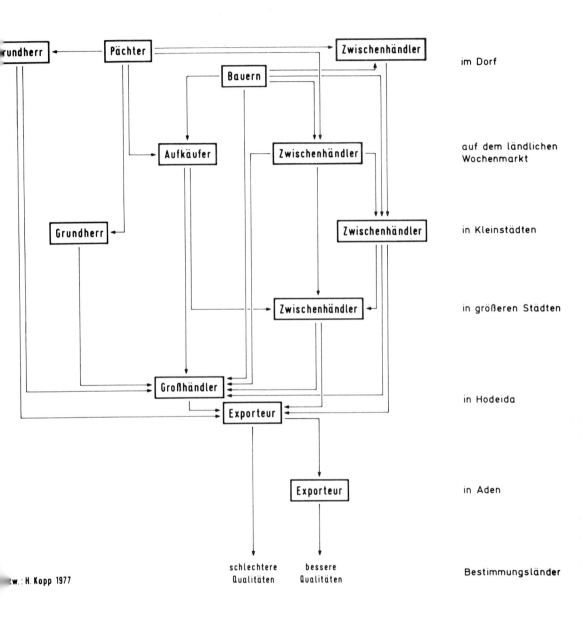

Abb. 8: Vermarktungswege für jemenitischen Kaffee

— Manchmal tun sich einige Bauern zusammen und verkaufen direkt an den Großhändler.
— Aufkäufer der Großhändler und der größeren Zwischenhändler besuchen die Produktionsgebiete bzw. regionalen Märkte.

Obwohl über die Gewinnspannen des weitverzweigten Zwischenhandels nichts bekannt ist, trägt er doch zu einer wesentlichen Verteuerung des Kaffees bei. Hinzu kommen noch die Kosten für Aufbereitung und Sortierung in Hodeida. Der Kaffee erreicht die Hafenstadt ja völlig gemischt aus den verschiedensten Produktionsgebieten mit unterschiedlichsten Anbaubedingungen; er ist stark verschmutzt und weist ganz unterschiedliche Reifegrade auf.

Bei der Aufbereitung sind deshalb zuerst Frauen damit beschäftigt, den Kaffee mit den Händen grob zu verlesen, um die schlimmsten Unreinheiten und Beimengungen[111] zu entfernen. Anschließend wird der Kaffee nochmals geworfelt und dann sehr oberflächlich per Hand in derzeit sechs Qualitäten — überwiegend nach Größe und Aussehen der Bohnen — sortiert. Diese Qualitäten entsprechen also nicht Provenienzen, obwohl sie teilweise entsprechende Namen tragen (Matarī, Ṣanʿānī, Šarqī u.a.); sie sind infolge der ineffizienten Aufbereitung jeweils noch immer von unterschiedlichem Aussehen ("bad appearance").

Transport-, Lager und Aufbereitungskosten, Zwischenhändlergewinne und Steuern belasten den Preis des noch dazu qualitativ relativ schlechten Kaffees außerordentlich stark. *Cordemans* (o. J., S. 3) berechnete, daß 60% des Exportpreises allein auf solche Kosten entfallen.

Der Vollständigkeit halber seien auch noch jene Vermarktungswege skizziert, die nicht nach Hodeida führen und somit von der amtlichen Statistik nicht erfaßt werden:
— In den Raum südlich von Taiz kommen teilweise Wanderhändler aus Aden und kaufen sogar unenthülsten Kaffee auf, da es in Aden entsprechende Aufbereitungsanlagen gibt. Dies gilt auch für die kleinen südjemenitischen Anbaugebiete.
— Aus Nord-Ḥawlān (westlich von Ṣaʿdah) gelangt der Kaffee über Zwischenhändler auf Wochenmärkten direkt nach Saudi-Arabien (Schmuggel). Der qualitativ angeblich sehr gute Ḥawlān-Kaffee ist in Saudi-Arabien geschätzt und ergänzt dort die eigene, aus der Provinz ʿAsīr kommende Produktion.

b. Richtungen der Ausfuhr

In der amtlichen Statistik des Jemen erscheint seit vielen Jahren Aden als Hauptabnehmer des Kaffees. Dies liegt daran, daß nur die schlechteren Sorten direkt von Hodeida in die Bestimmungsländer — meist die Sowjetunion und Japan — gelangen,

---

111 Sehr beliebt sind aus Gewichtsgründen Steine.

der Großteil der besseren Sorten jedoch mit Küstenseglern nach Aden gebracht wird[112]. Hier erfolgt nochmals eine Reinigung und Sortierung, nicht selten auch ein Verschnitt mit äthiopischem Kaffee. Erst dann gelangt der somit aufgebesserte Kaffee in meist westliche Abnehmerländer, vor allem nach Frankreich, Italien und in die Schweiz. Da es keine langfristigen Lieferverträge wie mit der Sowjetunion gibt, unterliegen die in die einzelnen Länder gelieferten Mengen jährlich großen Schwankungen.

Für einen erheblichen Teil des jemenitischen Kaffee-Exports stellt Hodeida also lediglich die Sammelstelle dar; die eigentliche Ausfuhr erfolgt erst ab Aden — eine Analogie zu den früheren Verhältnissen, als z.B. Bayt al-Faqīh Sammelplatz und Mocha Exporthafen waren. Wir erkennen in dieser Praxis eine trotz aller politischen und wirtschaftlichen Veränderungen noch immer enge Verbindung des jemenitischen Kaffeehandels mit Aden, was bei einer Betrachtung der größten Exportfirma in Hodeida noch deutlicher wird[113]. Diese Firma wurde in Aden gegründet, errichtete aber schon vor der nordjemenitischen Revolution (1962) eine Filiale in Hodeida. Nachdem der Südjemen sozialistisch wurde (1967), verlegte man den Hauptsitz in den Nordjemen, bringt aber seither nach wie vor große Mengen jemenitischen Kaffees in die eigenen Aufbereitungsanlagen nach Aden.

c. Der jemenitische Kaffee im Weltkaffeehandel

Aus allen aufgezählten Gründen kann der jemenitische Kaffee wichtige Forderungen des gegenwärtigen Weltmarktes nicht erfüllen: Uniformität in Aussehen, Geruch und Geschmack wird niemals erreicht; die Bohnen sind meist klein, unansehnlich und teilweise zerbrochen, und selbst bei gleichen "Qualitäten" differiert der Geschmack erheblich. Trotz niedriger Erzeugerpreise sind die besseren Sorten wegen der ineffektiven Vermarktung und Aufbereitung außerdem noch relativ teuer. Diese ganz entscheidenden Nachteile werden allerdings teilweise dadurch ausgeglichen, daß der Kaffee aus Arabien ein würziges Aroma besitzt, was insbesondere zum Verschneiden billiger Massenware aus Südamerika gewünscht wird. Der bessere jemenitische Kaffee kann also zu den Spezialkaffees gerechnet werden, für die auf absehbare Zeit wohl ein guter Markt vorhanden sein wird. Die Käufer werden gern bereit sein, dafür hohe Preise zu zahlen. Die auf den Weltmarkt kommenden Mengen sind außerdem so gering (1974: 1523 t), daß sie bisher immer leicht absetzbar waren.

---

112 Hinzu kommen geringere, aus dem Raum südlich von Taiz stammende Mengen und die südjemenitische Eigenproduktion (geschätzt auf 100 t/Jahr).
113 Firma Salim Omer Baobed & Co. Die folgenden Ausführungen sowie wichtige Auskünfte zur Vermarktung des jemenitischen Kaffees verdanken wir der frdl. mdl. Mitt. des Managers der Firma in Hodeida.

Aus diesem Grunde war es nicht erforderlich, daß der Jemen dem ICA[114] beitrat. Für die billigeren Sorten fand man in der Sowjetunion und Japan Abnehmer, die wenig qualitätsbewußt einkaufen und ebenfalls nicht Mitglieder des ICA sind ("non-quota-markets").

3. AKTUELLE ENTWICKLUNGSPROZESSE

a. Die Konkurrenz des Qāt

Qāt (Catha edulis) ist ein immergrünes Gewächs, dessen frische Triebe und Blätter nach langem Kauen eine anregend-berauschende Wirkung entfalten. Anbau und Konsum haben im Jemen in den letzten Jahren ständig zugenommen, da die Kaufkraft dank der Arbeitsmöglichkeiten im Ausland kräftig gestiegen ist[115]. Die Pflanze stellt geringere ökologische Ansprüche als Kaffee, ist sehr leicht zu kultivieren und fordert von den Bauern nur geringe Kenntnisse und wenig Arbeitsaufwand. Dies ist der erste wesentliche Vorteil gegenüber der insgesamt doch recht komplizierten Kultivierung von Kaffee.

Qāt übersteht sowohl lange Dürrezeiten als auch kurze Fröste unbeschadet und gedeiht am besten in Höhen zwischen 1500 und 2100 m (maximal 1200 – 2500 m). Damit fällt der Qātanbau zumindest teilweise mit der Kaffee-Höhenstufe zusammen.

Bei ausreichender Bewässerung liefert Qāt schon kurz nach dem Pflanzen der Setzlinge ständigen Ertrag, da das ganze Jahr hindurch frische Triebe nachwachsen. Dank eines gut eingespielten Vermarktungssystems und eines scheinbar grenzenlos aufnahmefähigen Marktes sind diese "Ernten" leicht zu relativ hohen Preisen absetzbar. Die Gelderträge aus dem Qātanbau liegen pro Fläche um ein Vielfaches höher als bei allen anderen wesentlichen cash crops im Jemen (Gemüse, Obst, Baumwolle, Kaffee)[116]; zudem sind sie für den Bauern regelmäßig zu erzielen, so daß die Kultivierung von Qāt eine unschlagbare Konkurrenz wäre, gäbe es nicht bestimmte, auf Provenienzen orientierte Konsumgewohnheiten. Außerdem ist Qāt nicht lagerungsfähig; er muß spätestens zwei Tage nach dem Pflücken beim Verbraucher sein. So wurde der Kaffee nur aus einigen Anbaugebieten vollständig vom Qāt verdrängt (Ğabal Sabir, Ğabal Sumārah). Es handelt sich um Regionen mit gu-

---

114 International Coffee Agreement: 1962 von der United Nations Coffee Conference gebilligt mit dem Ziel, Exporte und Importe der wichtigsten Produktions- bzw. Verbraucherländer zu regulieren, um u.a. Preisstabilität zu erreichen (*Kohlhepp* 1975, S. 120/121).
115 Auf die vielfältigen gesellschaftspolitischen und volkswirtschaftlichen Probleme von Qāt sei hier nur insoweit eingegangen, als sie direkt die Kaffeewirtschaft des Jemen betreffen. Zu weiteren Aspekten siehe u.a.: *Brooke* 1960, *Chelhod* 1972, *Getahun* und *Krikorian* 1973.
116 Frdl. mdl. Mitt. von Herrn *Engelberger* (Deutsche Farm in Sana'a).

ter Erschließung durch Straßen oder um solche in der Nähe städtischer Absatzmärkte. Da die meisten Kaffeeproduktionsgebiete aber nach wie vor schlecht erschlossen sind, konnte sich dort der Qātanbau nur wenig ausdehnen und dient nach wie vor lediglich der Selbstversorgung. Die Abgelegenheit der Kaffeeanbaugebiete mit der Folge hoher Kostenbelastung durch Vermarktung und Transport führte also paradoxerweise dazu, daß Kaffee überhaupt noch angebaut wird!

b. Perspektiven des Kaffee-Anbaus im Rahmen der jemenitischen Volkswirtschaft

Eine entscheidende Konkurrenz für den Kaffee wurde Qāt erst in den letzten zehn Jahren, als einerseits sich die Verdienstmöglichkeiten im Ausland (Saudi-Arabien) stark verbesserten und andererseits die infrastrukturelle Erschließung des republikanischen Jemen rasche Fortschritte machte. Deutlich ist dies an der Kaffeeproduktion bzw. am Kaffee-Export abzulesen. Lagen die Werte vor 1962 noch bei jährlich ca. 5000 t[117], so sanken sie — mit bedingt durch die Wirren des Bürgerkrieges (1962 — 1969) — stark ab, um sich seit Beginn der siebziger Jahre auf wesentlich niedrigerem Niveau (ca. 1500 t) wieder zu stabilisieren.

Solche Stabilisierungstendenzen sind erstes Ergebnis von Bemühungen der jemenitischen Regierung, den Kaffeeanbau zu fördern, um dringend benötigte Devisen ins Land zu bekommen[118]. Immerhin erreichte der Kaffee-Export 1974 nur noch einen Wert von knapp sechs Millionen Y.R.; dem stehen Importe von Kaffee[119] (aus Äthiopien bzw. lösliche Kaffees) und Qišr von knapp vier Millionen Y.R. gegenüber[120]!

Die Regierung kann sich bei ihren Bestrebungen zumindest teilweise auf die Einstellung der kaffeeproduzierenden Bauern stützen. Diese besitzen durchaus ein historisches Bewußtsein und kennen den einstmals so bedeutenden Ruf ihres arabischen Kaffees. Nicht ohne Stolz zeigen sie Besuchern immer wieder gern ihre Kaffeegärten und fragen nach Möglichkeiten, Erträge zu erhöhen und Qualitäten zu verbessern. In vielen der ansonsten auf Subsistenzwirtschaft ausgerichteten Betriebe ist Kaffee bis heute die einzige und deshalb besonders wichtige cash crop. — Auch am anderen Ende des Vermarktungsweges, beim Verbraucher, bestehen durchaus gute Chancen, mehr jemenitischen Kaffee abzusetzen, selbst wenn die Preise recht hoch liegen sollten.

117 FAO Production Yearbook 1970.
118 Qāt wird fast ausschließlich für den Binnenmarkt produziert. Der Jemen importierte 1974 wertmäßig 15mal so viel wie er exportierte (Statistical Year Book 1976, S. 81 ff.). Ein Ausgleich der Zahlungsbilanz gelang nur durch Überweisungen der jemenitischen Gastarbeiter aus dem Ausland und durch hohe Anleihen auf dem internationalen Kreditmarkt.
119 Nach Auskunft des Managers der Fa. Baobed & Co. ist Kaffeeimport verboten; dem widerspricht jedoch die amtliche Statistik.
120 Statistiscal Year Book 1976, S. 84 und 87.

Einer Steigerung der Kaffeeproduktion stehen allerdings auch erhebliche Schwierigkeiten im Wege:
- Die Konkurrenz von Qāt wird sich eher noch verstärken.
- Das niedrige Bildungsniveau und das geringe Betriebskapital des jemenitischen Bauern lassen Verbesserungen der Anbaumethoden kaum zu.
- Eine Reduzierung des Zwischenhandels erscheint wegen der mit Traditionen behafteten Struktur der jemenitischen Gesellschaft[121], der Zersplitterung und Abgelegenheit der Anbaugebiete und der geringen pro Betrieb produzierten Mengen schwer möglich.
- Wegen der Konzentration der Ausfuhr auf nur drei Firmen können die Erzeugerpreise leicht diktiert und niedrig gehalten werden; die Pachtbedingungen geben ebenfalls wenig Anreiz, die Produktion zu erhöhen.
- Da der Kaffee nur einen relativ kleinen Posten des Umsatzes der Exportfirmen ausmacht, zeigen diese auch von sich aus kein Interesse, den Anbau auszuweiten.

Angesichts solch großer Probleme bevorzugt die Regierung eindeutig die Förderung des Anbaus unkomplizierterer Devisenbringer, vor allem der Baumwolle; sie erreichte 1974 bereits einen Exportanteil von 64% (Kaffee knapp 10%, Abb. 4). Somit dürfte der Kaffee aus Arabien auf absehbare Zeit sowohl im Welthandel als auch im Rahmen der jemenitischen Volkswirtschaft nur eine unbedeutende Rolle spielen.

---

121 Über die Rolle des Zwischenhändlers siehe u.a.: *Chelhod* 1970, *Dostal* 1974, *Kopp* 1977.

VI. SCHLUSSBETRACHTUNG UND AUSBLICK

In der vorliegenden Arbeit wurden der Bedeutungswandel des Weltwirtschaftsguts Kaffee für den südwestarabischen Raum und dessen siedlungsgeographische Konsequenz am Beispiel von Mocha untersucht. Überblicken wir abschließend die Ergebnisse, so verdienen vor allem zwei Problemkreise besonders hervorgehoben zu werden: Die Sonderstellung Südwestarabiens im Rahmen der überregionalen Wirtschaftsbeziehungen und die damit verknüpfte stadtgeographische Sonderstellung der südwestarabischen Hafenstädte.

Die Zeit, in der Südwestarabien für einen stetig zunehmenden weltweiten Bedarf an Kaffee zunächst das Anbaumonopol besaß und anschließend noch der mit Abstand wichtigste Lieferant war, scheint auf den ersten Blick eine wirtschaftshistorische Ausnahmesituation gewesen zu sein. Weder zuvor noch danach spielte der Raum als Produktionszentrum eine wesentliche überregionale Rolle[122]. Suchen wir aber sowohl für die Periode der weltwirtschaftlich relevanten Kaffee-Erzeugung als auch für jene des Transithandels zwischen Südasien und dem Mittelmeer einen gemeinsamen, übergeordneten Nenner, so zeigt sich, daß Südwestarabien jeweils nur eine *sehr spezielle, einseitige Funktion im Rahmen der Weltwirtschaft* besaß. Damit deutet sich eine wirtschaftsgeographische Sonderstellung jenes marginalen Raumes an der Trockengrenze der Ökumene an, die durch weitere Regelhaftigkeiten bestätigt wird.

In den beiden genannten wirtschaftshistorischen Perioden basierte die besondere Bedeutung des Untersuchungsgebietes ausschließlich auf einer *konkurrenzlosen Stellung* des Raumes. Weder für den Transithandel noch für die Kaffee-Versorgung gab es zunächst Alternativen[123]. Sobald jedoch solche Alternativen entstanden waren — zum einen mit dem Seeweg um Afrika, zum anderen mit der Kaffeeproduktion in anderen Teilen der Tropen —, schied Südwestarabien jeweils aus dem Weltwirtschaftssystem aus. Es sank in den Zustand einer weitgehenden wirtschaftlichen Autarkie ohne nennenswerte Außenbeziehungen zurück; besonders deutlich wird das nach dem generellen Bedeutungsschwund des jemenitischen Kaffees.

Im Rahmen der überregionalen wirtschaftlichen Beziehungen war Südwestarabien stets ein ausgesprochen *passiver Teil*. Die steuernden Impulse wirkten von

---

122 Parallelen zu jener bedeutungsvollen Rolle Südwestarabiens als Produktionsgebiet eines Weltwirtschaftsguts bieten die heutige Stellung anderer Teile der arabischen Halbinsel in der Welt-Ölversorgung oder die frühere Stellung Südostarabiens als Produktions- und Ausfuhrgebiet des Weihrauchs.

123 Hinsichtlich des Transithandels gilt die Aussage nur für den gesamtarabischen Raum.

außen auf den Raum ein. Das gilt für die Periode des Transithandels ebenso wie für jene der Kaffeeproduktion. Ohne das Vorhandensein ferner, aufnahmefähiger Märkte und ohne die Nachfrage aus den Zentren der Ökumene ist weder die eine noch die andere der genannten wirtschaftlichen Aktivitäten in Südwestarabien denkbar.

Die passive Abhängigkeit des untersuchten Wirtschaftsraums zeigt sich besonders deutlich in der *Fernsteuerung* einer Reihe wirtschaftsgeographischer Prozesse, die im Jemen abgelaufen sind. Als Beispiele sind u.a. zu erwähnen:

— Der Niedergang des Transithandels zwischen Indien und dem Mittelmeer war das Resultat der von Europa ausgehenden Umleitung des Warenstroms auf den neuen Seeweg um Afrika; Karawanenstraßen und Handelsstädte (z.B. Aden) sanken zur Bedeutungslosigkeit herab.

— Der Verlust der Monopolstellung des Jemen in der Kaffeeproduktion und damit letztlich der völlige Bedeutungsschwund Südwestarabiens im Rahmen der Weltwirtschaft hatte seine Ursache in der Übertragung des Kaffeestrauches in andere Teile der Tropen durch die Europäer.

— Das Wüstfallen von Mocha war eine Folge der Verlagerung des Warenumschlags nach Aden. Die Entwicklung wurde von außen initiiert (Wiederbelebung Adens durch die Engländer, Aufkommen der Dampfschiffahrt usw.).

— Selbst die gegenwärtigen Ansätze einer Wiederbelebung der Hafenfunktionen Mochas resultieren aus der jüngsten Wirtschaftsentwicklung in Saudi-Arabien und der damit verbundenen Überlastung anderer Häfen.

Mit den genannten Punkten — einer einseitigen Außenwirtschaftsorientierung, der passiven Abhängigkeit sowie der Fernsteuerung wirtschaftlicher Entwicklungen — steht schließlich noch ein weiteres Charakteristikum der wirtschaftsgeographischen Sonderstellung des behandelten Raumes im Zusammenhang: Die von äußeren Einflüssen abhängigen ökonomischen Verhältnisse in Südwestarabien erweisen sich immer wieder als ausgesprochen *instabil*.

Für eine solche Instabilität der wirtschaftlichen Verhältnisse sind *Wüstungserscheinungen* in jenen Städten, die als Hafen- und Handelsplätze eine besondere Abhängigkeit von den außenwirtschaftlichen Beziehungen des Landes besaßen, ein eindrucksvoller Indikator. Insbesondere die Beispiele Aden und Mocha zeigen, daß wirtschaftliche Niedergangsphasen regelmäßig mit deutlichen Wüstungsvorgängen verbunden waren. Andererseits dokumentierten sich Aufschwungsphasen stets in einer jeweils schnell einsetzenden positiven Siedlungsentwicklung. Auch in anderen Städten Südwestarabiens dürften sich solche Prozesse vermutlich nachweisen lassen. In der vorliegenden Arbeit wurde bereits auf die Beispiele al-Luḥayyah und Ġalafkah hingewiesen. Die Entwicklung der einseitig auf Salzbergbau und Salzexport ausgerichteten Hafenstadt Ṣalīf wäre in einem derartigen Zusammenhang ebenfalls zu erwähnen, und als aktuelle Parallele bietet sich der junge Bedeutungszuwachs Hodeidas mit seinen entsprechenden Folgen im Siedlungsbild an.

Am Beispiel von Mocha erwies sich, daß der Ablauf des Wüstungsprozesses offensichtlich mit ungewöhnlicher Schnelligkeit erfolgt war. Das ist nur verständlich unter dem Aspekt der sehr einseitigen Ausrichtung der Stadt auf e i n e dominierende wirtschaftliche Funktion (Warenumschlag). Andere Funktionen — etwa als zentraler Ort für ein größeres, bevölkerungsreiches Umland oder als überregionales Handelszentrum — fehlten weitgehend, so daß eine Verlagerung des Warenumschlags auf andere Häfen einen nahezu völligen wirtschaftlichen Verfall bewirkte. Damit besaß Mocha im Gegensatz zum Regeltypus der Stadt — auch im Gegensatz zur "normalen" orientalischen Stadt — eine ausgesprochene Sonderstellung. Bezeichnendes Charakteristikum dieser Sonderstellung war seine weitgehende *Monofunktionalität*.

Verschiedene Hinweise deuten an, daß städtische Siedlungen mit wenig entwickelter Multifunktionalität in Südwestarabien häufiger zu finden sind. Sollte sich die These bestätigen, so würde sich daraus die Existenz eines stadtgeographischen Sondertyps ableiten lassen, der an der Trockengrenze der Ökumene auftritt, möglicherweise für sie sogar charakteristisch ist. Es wird Aufgabe weiterer Arbeiten sein, diesem Ansatz sowohl in anderen Bereichen der Trockengrenze der Ökumene nachzugehen als auch seine Übertragung auf andere Grenzen der Ökumene — insbesondere auf seine Polargrenze — zu versuchen. Dabei wären dann auch die skizzierten allgemeinen wirtschaftlichen Regelhaftigkeiten erneut zu überprüfen.

ENGLISH SUMMARY

The book deals with the change of importance of coffee in Southwest Arabia and its effects on settlement, illustrated by the example of Mocha. This is carried out in 6 chapters:
1. Introduction
2. The change in international economic importance of Southwest Arabia in respect of world economic affairs.
3. The instability of settlements as a consequence of the change of ports of transshipment for coffee in Southwest Arabia.
4. The present situation of Mocha as a small town.
5. The present role of home produced coffee in Yemen's economy and in the world coffee trade.
6. Conclusion.

Chapter 2 summarizes the initial importance of Southwest Arabia as a part of the interregional transitarea between South Asia and the Mediterranean as well as the decline of transit traffic on the overland routes following the discovery of the sea-route round the Cape of Good Hope. Retrospectively it appears to be exceptionally fortunate that the consumption of coffee as a new luxury began to spread more or less simultaneously with the decline of Southwest Arabian merchant trade. The only area of coffee production at that time was the Southwest Arabian Yemen. Thus part of the area, whose function up till that time had been the trading of goods, became for the first time an important production area in the world economy. However, before that could happen, a market with sufficient demand for the new product had to come into existence.

It will be demonstrated that the spread of coffee as a luxury article did not differ from that of other innovations. The demand rapidly increased at the emerging markets in the Middle East, in South Asia, and Southeast Asia as well as in Western Europe. This coincides with contemporary news and sources on corresponding increase in exports from Yemen and increase in prices. At the beginning of the 17th century European trade companies were attracted to coffee trade and founded trading posts in Mocha. However, Mocha was not a market-place for coffee, contrary to a wide spread opinion, but only a port of transshipment. The traditional markets were further inland. Arrangements and details of the European coffee trade in Yemen are well documented in contemporary sources. Moreover the sources contain a variety of information about the trade of Oriental merchants which — in terms of quantity — was far more important. Despite the enormous annual quantities traded by European merchants — exclusively via Mocha — one must keep in mind that they exported only a very small proportion of Yemen's annual coffee crop.

The biggest proportion was exported by Non-European merchants who always used the co-existing traditional routes.

The European coffee trade in Yemen reached its climax in the 1720's. After that the trade began to decline at first gradually than very rapidly. The reason is well known: By transferring the coffee tree to the European colonies serious competition grew up for Yemen's Coffee production. The consequences of this development were not noticeable immediately in Yemen because the additional supply from the colonies were initially compensated for by the worldwide increasing demand. However, the trend was clearly visible. Since the beginning of the 1720's the Dutch had been importing increasing quantities of coffee from their South and Southeast Asian plantations to Europe; only 20 years later French shipments from the West Indies arrived. After 1746 West Indian coffee was even sent to the Levant, and in the late 18th century European colonial coffee reached markets in Maghreb. Yemen had lost its monopoly in the world coffee market. Its share of production fell from 100 per cent in 1720 to below 1 per cent in the first half of the 19th century.

Chapter 3 deals with the instability of settlements as a consequence of the change in merchant trade centres in Southwest Arabia. Although the investigation focuses mainly on Mocha, the conditions of other towns (e. g. Aden, al-Luhayyah and so on) are also included by way of comparison. As a result, among other things, a special type of town was discovered which was characterized by its distinct monofunctionality. An example is or rather was Mocha. The town was predominantly a place were goods changed hands and in this respect coffee was of the greatest importance. Other urban functions – e. g. as a centre of an intensively used and densely populated agricultural region or as a base and centre at a trading route – were practically non-existent.

In any town which is exclusively orientated toward a single dominating function each shift in function must cause an enormous loss of importance accompanied by a rapid decline. This generally coincides with a boom and all its consequences in another town which then takes over the functions of the former. The hypothesis outlined above was verified by the example of Mocha which lost its function to Aden as a place of transshipment at the end of a development which was by no means steady. The consequence was an almost complete decline of the urban settlement in a surprisingly short time. The population dropped from about 20,000 to less than 400. The town has recently been re-settled but the deserted urban area is still far larger than the re-build area.

Chapter 4 deals with the present situation and importance of Mocha. On the basis of a detailed map of Mocha's deserted areas it is possible to identify, among other things, former functional and ethnic quarters such as were described in the sources. The mapping of the present area of settlement (physiognomic-functional map) is the starting point of the discussion on present-day Mocha as a regional central place of lower importance. Including supraregional criteria, the structural analysis provides a slightly optimistic forecast in respect of the future development of town and port.

In chapter 5 the present-day role of Yemen's coffee both in Yemen's economy and the world coffee market is discussed. In Yemen the cultivation of coffee is only possible by means of artifical irrigation and is confined to altitudes between 1000 and 2000 m on the western mountain slopes, which are deeply eroded by rivers. Because of the agrarian structure — small farms mainly for subsistence — the coffee gardens per farm have an average size of only 0,05 ha (= about 80 trees). On an area of 7000 to 10,000 ha, which is divided among about 100,000 small farms, about 2000 t of coffee are annually produced and almost all of it is exported. Agrarian technology (fertilizing, pest control, use of tested plants, crop rotation, pruning and so on) are largely unknown. For that reason the yield is very low. The first stages in the processing of coffee are carried out on the farms; after that the marketing begins via numerous middlemen.

Remote areas of cultivation, unfavourable growing conditions, inadequate processing and enormous marketing costs result in varying and predominantly (or so it would seem) poor quality while the price remains high. Because of its flavour Yemen's Coffee is still highly appreciated on the world market and therefore can be sold without any difficulty.

Within Yemen's economy coffee has two competitors:
— On the domestic market the intoxicant Qāt. The shrub, whose leaves are chewed, needs about the same ecological conditions as coffee and is by far more profitable.
— In the list of exports coffee was superseded years ago by cotton, which is increasingly cultivated in the lowlands.

On the basis of the conclusions reached in the above chapters some further thoughts and hypotheses are formulated in the last chapter:
1. The special economic-geographical position of Southwest-Arabia: The special importance of Southwest Arabia was based on its unchallenged position both during the period of merchant trade between South Asia and the Mediterranean and during the period when its coffee production was very important to world economy. At first there was an alternative neither for the merchant trade nor for coffee production. However, Southwest Arabia was in each case excluded from the world economic system as soon as such alternatives came into existence (on the one hand the sea-route round Africa and on the other hand the coffee production in other parts of the tropics). It was pushed back into a state of almost total autarky with negligible foreign relations. This becomes evident by the general loss of importance of Yemen's coffee.

Considering supra-regional economic relations Southwest Arabia always was an pronouncedly passive area. The controlling influences came from outside. This is true both for the period of merchant trade and for the period of coffee production. Without the existence of distant and ready markets and without demand from the centres of the ecumene neither the economic activities mentioned above would have been possible in Southwest Arabia. The passive de-

pendence of the investigated economic area becomes very evident by the control from outside of a series of economic-geographical processes in Yemen. Finally, in connection with the points mentioned above, there is an additional characteristic of the special economic-geographical position of Southwest Arabia: The economic conditions which depend on influences from outside always turned out to be very unstable.
2. The special geographical position of Southwest Arabia's seaport towns: The seaports of Southwest Arabia were very dependent on the economic foreign relations of their country. Within the porttowns deserted quarters are often noticeable which demonstrate the economic instability. The examples of Aden and Mocha in particular show that phases of economic recession were normally connected with phases of abandonment. On the other hand boom periods were always documented by a rapid and positive development in settlement. In Mocha the process of decline took place exceptionally fast. This can only be explained by the fact of the town having only one dominating economic function (transshipment of goods). Other central and supra-regional functions are largely missing; thus a shift in transshipment of goods to other ports caused an almost complete economic decline. Consequently Mocha held in contrast to the standard type of town — even in contrast to a "normal" Oriental town — a distinct special position. The significant characteristic of this exceptional position was its almost total monofunctionality.

There are various indications that urban settlements with scarcely developed multifunctionality can be found more often in Southwest-Arabia. If this hypothesis can be proved to be true the existence of a special geographical type of town could be defined which exists at the desert fringe and which is possibly characteristic of it. It must be the task of additional investigations to prove this hypothesis in other areas of the desert fringe of the ecumene as well as to attempt to transfer it to other margins of the ecumene, especially to the polar fringe. At the same time the general economic features which have been outlined in this book will also have to be examined once again.

(translated by *Manfred Gabriel*)

LITERATURVERZEICHNIS

Andree, K.: Geographie des Welthandels mit geschichtlichen Erläuterungen. Bd. 2: Die außereuropäischen Erdtheile. Stuttgart 1872.

Bardey, A.: Rapport sur el-Yemen et partie du pays d'Hadramaut (Arabie). In: Bulletin de Géographie Historique et Descriptive 29. 1899, S. 19–63.

Boxhall, P.: The Diary of a Mocha Coffee Agent. In: Arabian Studies 1. 1974, S. 102–118.

Brauer, E.: Ethnologie der jemenitischen Juden. Heidelberg 1934. (= Kulturgeschichtl. Bibl., 7).

Brooke, C.: Khat (Catha edulis): Its Production and Trade in the Middle East. In: Geographical Journal 126. 1960, S. 52–59.

Brown, D. R. N.: Marketing of Principal Agricultural Commodities in the Yemen Arab Republic. Informal Technical Report. Hrsg.: FAO, Highlands Farm Development Project Yemen. Rom 1970. (Manuskript).

Brown, D. R. N.: Marketing of Principal Agricultural Commodities in the Yemen Arab Republic. In: Bilateral and Multilateral Aid in the Economic Development of the Yemen Arab Republic with Particular Reference to United Nations Special Fund Project in Agricultural Development. Hrsg.: UNDP. Sana'a 1971, S. 129–146. (=Information Paper No. 9, AGS: SF/YEM 9) (Manuskript).

The Central Agricultural Research and Training Centre Project Taiz. Yemen Arab Republic, Agricultural Extension. Hrsg.: FAO. Rom 1974. (= AGP/SF/YEM/73/010). (Manuskript).

Chelhod, J.: L'organisation sociale au Yémen. In: L'Ethnographie N. S. 64. 1970, S. 61–86.

Chelhod, J.: La société Yéménite et le Kat. In: Objets et Mondes. Revue du Musée de l'Homme 12. 1972, S. 3–22.

Christiansen-Weniger, F.: Die Landwirtschaft von Jemen. In: Ber. über Landw. N. F. 37. 1959, S. 681–708.

Cordemans, J.: Coffee Production in Yemen Arab Republic. o.O., o.J. (unveröff. Manuskript, ca. 1974).

Daniel, W.: A Journal or Account of William Daniel, His Late Expedition or Undertaking to Go from London to Surrat in India usw. London 1702. In: W. Forster 1967, S. 51–87.

Deutsch, R.: Der Jemen. In: Österr. Monatsschr. f. d. Orient 44. 1918, S. 6–33.

Dietrich, B. und Leiter, H.: Produktion, Verkehr und Handel. Wien 1930. (= Geographie des Welthandels, eine wirtschaftsgeographische Erdbeschreibung, 4. Aufl., Bd. 3).

Dostal, W.: Sozio-ökonomische Aspekte der Stammesdemokratie in Nordost-Yemen. In: Sociologus N. F. 24. 1974, S. 1–15.

FAO Production Yearbook. Bd. 24. Rom 1970.

Forster, W. (Hrsg.): The Red Sea and Adjacent Countries at the Close of the Seventeenth Century as Discribed by Joseph Pitts, William Daniel and Charles Jaques Poncet. Nendeln/Liechtenstein 1967.

Fuchs, M.: Die geographische Verbreitung des Kaffeebaumes. Eine pflanzengeographische Studie. Leipzig 1886.

Gavin, R. J.: Aden under British Rule 1839 – 1967. London 1975.

Gerassimov, O.: Durch die Städte von Tihama. In: Neue Zeit 22, 46. 1964, S. 27 – 31.

Getahun, A. und Krikorian, A. D.: Chat: Coffee's Rival from Harar, Ethiopia. I. Botany, Cultivation and Use. In: Economic Botany 27. 1973, S. 353 – 377.

Glamann, K.: Dutch-Asiatic Trade 1620 – 1740. Copenhagen u. The Hague 1958.

Grohmann, A.: Südarabien als Wirtschaftsgebiet. 2. Teil. Brünn, Prag, Leipzig, Wien 1933. (= Schr. d. Phil. Fak. d. Dt. Univ. Prag, 13).

Grohmann, A.: Stichwort "Mokha". In: Enzyklopädie des Islam. Geogr., ethnolog. u. biograph. Wörterbuch d. muhammedan. Völker, Bd. III. Leipzig, Leiden 1936, S. 631 – 632.

Hartwich, C.: Die menschlichen Genußmittel. Ihre Herkunft, Verbreitung, Geschichte und Anwendung, Bestandteile und Wirkung. Leipzig 1911.

Heiderich, F. und Sieger, R. (Hrsg.): Karl Andrees Geographie des Welthandels. Eine wirtschaftsgeographische Schilderung der Erde. Bd. 4. Wien 1921.

Heiderich, F.; Leiter, H. und Sieger, R. (Hrsg.): Geographie des Welthandels. Eine wirtschaftsgeographische Erdbeschreibung. 4. Aufl., Bd. 2: Die außereuropäischen Länder. Wien 1927.

Heyd, W.: Geschichte des Levantehandels im Mittelalter. 2 Bde. Stuttgart 1879. (Reprogr. Nachdr.: Hildesheim, New York 1971).

Hinz, W.: Islamische Maße und Gewichte, umgerechnet ins metrische System. Leiden 1955. (= Handb. d. Orientalistik, Erg.-Bd. 1, H. 1).

Höhfeld, V.: Anatolische Kleinstädte. Anlage, Verlegung und Wachstumsrichtungen seit dem 19. Jahrhundert. Erlangen 1977. (= Erlanger Geographische Arbeiten, Sonderband 6).

Jacob, H. E.: Sage und Siegeszug des Kaffees. Die Biographie eines weltwirtschaftlichen Stoffes. Hamburg 1952.

Jardin, M. E.: Le Caféier et le Café. Monographie historique, scientifique et commerciale de Cette Rubiacée. Paris 1895.

Kahlenberg, C.: Djeddah und Hodeidah. In: Österr. Monatsschr. f. d. Orient 11. 1885, S. 127–130.

Kohlhepp, G.: Agrarkolonisation in Nord-Paraná. Wiesbaden 1975. (= Heidelberger Geogr. Arb. 41).

Kopp, H.: Die räumliche Differenzierung der Agrarlandschaft in der Arabischen Republik Jemen (Nordjemen). In: Erdkunde 29. 1975, S. 59–68.

Kopp, H.: Al-Qāsim. Wirtschafts- und sozialgeographische Strukturen und Entwicklungsprozesse in einem Dorf des jemenitischen Hochlandes. Wiesbaden 1977. (= Beihefte z. Tübinger Atlas des Vorderen Orients, Reihe B, Geisteswiss., Nr. 31).

Leidlmair, A.: Die britischen Protektorate in Südarabien. In: Geogr. Rdsch. 18. 1966, S. 41–52.

Macro, E.: Bibliography on Yemen and Notes on Mocha. Coral Gables/Florida 1960.

Macro, E.: Yemen and the Western World. London 1968.

Manzoni, R.: El Yèmen. Tre anni nell'Arabia Felice. Escursioni fatte dal Settembre 1877 al Marzo 1880. Roma 1884.

Molter, T.: Grundzüge der geographischen Entdeckung der afrikanischen Atlantik- und Indik-Küsten. In: Forschungen zur allgemeinen und regionalen Geogr., Festschrift f. K. Kayser (= Kölner Geogr. Arbeiten, Sonderband). Köln 1971, S. 300–317.

Müller, W. W.: Alt-Südarabien als Weihrauchland. In: Theolog. Quartalsschrift 149. 1969, S. 350–368.

Nasir, G.: Natürliche Voraussetzungen für die landwirtschaftliche Produktion in Jemen und ihre Ausnutzung. Diplomarbeit Leipzig 1966. (unpubliziert).

Neuigkeiten aus Jemen. Hrsg.: Botschaft der Arabischen Republik Jemen. Nr. 6/7. Bonn – Bad Godesberg 1976.

Niebuhr, C.: Reisebeschreibung nach Arabien und den umliegenden Ländern. Bd. 1. Graz 1968. (Photomechan. Nachdruck der Ausgaben Kopenhagen 1774–78 und Hamburg 1837).

Niebuhr, C.: Beschreibung von Arabien aus eigenen Beobachtungen und im Lande selbst gesammelten Nachrichten. Graz 1969. (Photomechan. Nachdruck der Ausgabe Kopenhagen 1772).

Ovington, J.: Notes on the Red Sea Ports (aus: A Voyage to Suratt, 1696). In: W. Forster 1967, S. 173–181.

Palumbo: Die Schulen der Weisheit, ein vergessenes politisches Kapitel. In: Deutsche Welt 9.

1906—07, S. 692—694 und 708—710.

Rathjens, C. und Wissmann, H. von: Rathjens- von Wissmannsche Südarabien-Reise. Bd. 3: Landeskundliche Ergebnisse. Hamburg 1934. (= Abhandlungen aus dem Gebiet der Auslandskunde 40. Reihe B, Bd. 20).

Rathjens, C.: Die Weihrauchstraße in Arabien, die älteste Welthandelsstraße. In: Tribus 1952/53, S. 275—304.

Rathjens, C.: Die alten Welthandelsstraßen und die Offenbarungsreligionen. In: Oriens 15. 1962, S. 115—129.

Ratzka-Ernst, C.: Welthandelsartikel und ihre Preise. Eine Studie zur Preisbewegung und Preisbildung. Der Zucker, der Kaffee und die Baumwolle. München, Leipzig 1912.

Ritter, C.: Vergleichende Erdkunde von Arabien. Bd. 1. Berlin 1846. (= Die Erdkunde von Asien, Bd. VIII, 1. Abt.: Die Halbinsel Arabien).

Ritter, C.: Die geographische Verbreitung des Kaffeebaums (Coffea arabica Linn.) in der Alten Welt, nach seiner wilden wie Cultur-Heimath, in den verschiedenen Stationen, so wie der Einführung seines Kaffeetrankes in die Civilisation des Orients und des Occidents. In: Ritter, Carl: Die Erdkunde von Asien, Bd. VIII, 2. Abt., Berlin 1847, S. 535—608.

Rosenthal, F.: Stichwort "Dawla". In: The Encyclopaedia of Islam. New Edition. Hrsg.: B. Lewis, C. Pellat und J. Schacht. Vol. II. Leiden, London 1965, S. 177—178.

Schmidt, W.: Das südwestliche Arabien. Frankfurt/Main 1913.(= Angewandte Geographie, Serie 4, Heft 8).

Schweiger-Lerchenfeld, A. von: Die Kaffee-Bezirke Jemens. In: Österr. Monatsschr. f. d. Orient 7. 1881, S. 24 — 29.

Semmler, H.: Die tropische Agrikultur. Ein Handbuch für Pflanzer und Kaufleute. Bd. 1. Wismar 1886.

Shaw, S. J.: The Financial and Administrative Organization and Development of Ottoman Egypt 1517 — 1798. Princeton/New Jersey 1962. (= Princeton Oriental Studies, 19).

Spriestersbach, H.: Rohkaffee von A — Z. 2. Aufl., Hamburg 1962.

The Statesman's Year-Book 1975—1976. Hrsg.: John Paxton. London 1975.

Statistical Year Book 1976. Hrsg.: Yemen Arab Republic, Prime Minister's Office, Central Planning Organisation. Statistics Department. Sana'a 1976.

Sylvain, P. G.: Le Café du Yémen. In: Agronomie Tropicale 11. 1955, S. 62 — 73.

Wenner, M. W.: Mocha and Coffee. In: Middle East Forum 40. 1964, S. 11 — 14.

Western Arabia and the Red Sea. Hrsg.: Naval Intelligence Division. London 1946. (= Geographical Handbook Series, 527).

Wirth, E.: Indien, England und der Orient. In: Geogr. Rdsch. 13. 1961, S. 341—350.

Wirth, E.: Zum Problem des Bazars (suq, çarşi). Versuch einer Begriffsbestimmung und Theorie des traditionellen Wirtschaftszentrums der orientalisch-islamischen Stadt. In: Der Islam 51. 1974, S. 203—260 und 52. 1975, S. 6—46.

Wirth, E.: Die orientalische Stadt. Ein Überblick aufgrund jüngerer Forschungen zur materiellen Kultur. In: Saeculum 26. 1975. S. 45—94.

Wissmann, H. von: Arabien und seine kolonialen Ausstrahlungen. Eine geographisch-geschichtliche Skizze. In: Lebensraumfragen europäischer Völker. Bd. 2: Europas koloniale Ergänzungsräume. Leipzig 1941, S. 374—488.

Yemen Salnamesi 1298, 1306, 1308, 1311, 1313. Reg.-Nr. A II/1857—1861. (unveröff., Staatsarchiv Ankara).

Photo 1   Ruinenfeld in Mocha (Höhfeld 4.4.1976)

Photo 2   Wüstung Mocha, grober Ruinenschutt (Becker 4.4.1976)

Photo 3   Relikte des Baubestandes in der Wüstung Mocha (Becker 4.4.1976)

Photo 4   Fassade eines verfallenden, vornehmen Stadthauses in Mocha; im Vordergrund Verkaufsbude (Becker 3.4.1976)

Photo 5   Fort der früheren Befestigungsanlagen von Mocha (Becker 3.4.1976)

Photo 6   "Shadeli"-Moschee in Mocha, im Vordergrund Ruinenspuren (Becker 4.4.1976)

Photo 7 Heutige Vorstadtsiedlung von Mocha (Blick zum Stadtzentrum) (Becker 4.4.1976)

Photo 8 Moderner Güterumschlag in Mocha (Becker 5.4.1976)

Photo 9   Kaffeekultur unter Schattenbäumen im Wādī Dūr bei ᶜUdayn (Kopp 19.6.1975)

Photo 10   Mischkultur mit Kaffee im Stockwerksbau (Wādī Barakānī südlich von Taiz) (Kopp 3.7.1975)

Photo 11   Kaffeegärten in Hangnischenlage bei Ḥaǧǧah (Kopp 28.9.1975)

Photo 12   Kaffee und Qišr; landesübliche Vermarktung auf dem Wochenmarkt von aḍ-Ḍalḥ bei Saʿdah (Kopp 27.3.1976)